자기발견의 힘

The End of Self-Help by Gail Brenner

자기발견의 힘

The End of Self-Help

게일 브레너 지음
공경희 옮김

나를 괴롭히는 감정과 생각에서 벗어나
평온과 행복을 찾는 여정

바로 이 순간

당신이 자유롭다는 것을 아는,

그 가능성에 이 책을 바칩니다.

몇 년 전 어머니와 대화하면서 그동안 알게 된 엄청난 사실을 나누었다. 나는 어느 순간이든, 누구든 완전히 충만하고 부족함 없는 깊은 평온을 얻을 수 있는 방법을 설명했다. 이 경험을 언제나 바로 그 자리에서 누릴 수 있다고, 누구에게나 열린 가능성이라고 말했다. 그것을 이해한 어머니의 눈에 섬광이 빛났다. 어머니가 물었다.

"왜 사람들이 이걸 모를까?"

오래전 아픈 감정을 넘어서 평온해질 수 있음을 깨닫기 시작하면서 나도 똑같이 의문을 가졌다. 괴로워하지 *않아도 되는데* 왜 시달릴까? 괜찮아지는 방법을 왜 모를까?

개인의 고통은 우리 삶의 현실이다. 하지만 그것이 궁극의 현실은 아니며 이 책은 그 문제를 다룬다. 진정한, 그리고 지속적인 평온을 얻는 깨달음은 인도의 현자들이나 산꼭대기에 사는 승려들의 것이었다. 이제 삶이 변해 모든 이에게 이 가능성을 가져다준다. 이것이 얽매이고 스트레스가 심한 우리의 삶에서 온전한 정신을 간수할 수 있는 유일한 길이다.

고통과 혼란을 어떻게 할지 모를 때 우리는 최선을 다한다. 그런 과정에서 자기계발 운동이 시작되었다. 이것은 고통에서 벗어날 전략과 시각을 제시하지만, 근본적인 오류를 내포한다. 슬프게도 이 오류는 우리에게 계속 행복을 추구하도록 하면서 끝내 찾지 못하게 만든다.

자신을 더 사랑하라, 더 긍정적으로 생각하라, 감사해야 된다는 걸 기억하라는 조언은 일시적으로 마음을 편하게 해준다. 하지만 자신이 상처 입고 다쳐서 고쳐야 되는 존재가 아니라 본래 자신이 완전한 존재임을 알아야만 고통을 해결할 방법에 다가갈 수 있다.

여기서 제안하는 것은 통상적인 행복 추구 방식과 전혀 다르다. 당신에게 더 나은 자신을 꿈꾸라고 하지 않는다. 어떤 생각과 감정을 가졌든, 늘 바로 여기에 평온이 있을 수 있다는 사실을 깨닫게 한다. 우리는 이 완전한 진실을 너무 쉽게 간과하며 살았다.

나의 이야기

오래전부터 번민과, 그것을 끝내는 데 관심을 두었다. 누구나 그렇듯 그저 행복해지고 싶었다. 일과 친구로 어우러진 능률적인 삶을 영위하면서도 늘 불안, 혼란, 관계 문제에 시달렸다. 평범한 심리치료 단계를 밟았지만 – 15년간 – 삶에서 느끼거나 선택하는 방식이 달라지지 않았다. 심지어 임상심리학자가 되어 행복을 연구하고 다른 사람들에게 치유 공간을 제공하면서도 정작 나는 시달렸다.

기분이 조금 나아지는 정도로는 부족했다. 고대의 영적 지침서를 읽으면서, 지속적인 평온이 가능하다는 말을 내심 믿었다. 평온을 얻는 방법은 몰랐지만 내 안에서 무언가가 '이거야!'라고 말했다. 나는 경험에서 그걸 알아내려고 뛰어들었다.

평온을 찾아 불교 선원과 최고의 조력자인 스승들을 찾아다녔다. 내가 의도하지 않아도 내 의식을 지나는 생각과 감정을 지켜보는 법을 익혔다. 내가 습관에 따를지 그러지 않을지를 선택할 수 있었다는 사실을 알면서 더 평온해졌다. 또 나 자신과 타인에 대해 내가 그토록 확고하게 가졌던 믿음이 전혀 사실이 아니었음을 알고 놀랐다. 내가 삶을 유지하기 위해 얼마나 끊임없이 애써왔는지를 깨닫고, 내가 누구이며 세상에서 어떻게 살고 싶은지 묻기 시작했다.

모든 수단을 강구하는 여정이었다. 처음 열흘간 묵언 명상을 하면서, 여러 전생의 슬픔과 애환이 우러난 것 같은 눈물을 쏟았다. 명상 중 감정의 타래를 끊어냈지만, 현상의 본질에 대한 간절한 질문을 멈출 수 없었다.

깨달음의 길을 가면서, 다른 사람을 평가하는 성향은 자신의 모자람에서 생겼음을 알았다. 또 스스로의 삶을 제어하지 못하게 될까, 어렵사리 얻은 독립성을 잃을까 두려워한다는 것도 알았다. 진실을 밝히려는 진중한 의지를 갖고 경험을 들여다볼수록 두려움이 더 많이 나타났다. 그토록 많은 두려움이 숨어 있었을 줄이야!

공포감이 생길 때마다 동작을 멈추고, 눈을 감고 느낌에 젖을 때가 있었다. 하루에도 여러 차례 소파에 앉아 있다가 가슴과 턱 근육이 조이고 숨이 가빠지는 몸의 긴장을 느꼈다. 생각에 마구 빠져들거나 그것을 바꾸려 들지 않고 그런 느낌을 그대로 받아들이니 감각이 완화될 때도 있고 아닐 때도 있었다. 하지만 그건 중요하지 않았다. 마침내 싸움을 포기하고 그대로 두자 긴장이 풀렸다.

단번에는 아니고 시간이 지나면서 스트레스가 줄어들었다. 옳은 결정을 하는 건지, 모든 것을 파악했는지 크게 염려되지 않았다. 더 가뿐하고 행복하고 사랑이 커졌다. 어느 날 아침 깨면서 한동안 불안하지 않았다는 걸 알고 놀랐다.

기분이 한결 나아졌지만 아직 완전히 평온하진 않았다. 더 깊이 들여다보니 생각 자체가 문제가 아니었다. 이유는? 어떤 생각을 살펴보면 일시적인 어휘의 나열에 불과하다는 걸 알게 된다. 하지만 거기에 관심을 주고 머릿속으로 반복하면, 의미 있는 실체가 되어버린다. 이것이 크나큰 고통의 시작이다.

놀라운 사실을 깨달았다. 내가 생각의 내용을 믿으면 그때부터 확신, 기대, 의무와 금기, 감정적인 반응, 그리고 여기에 수반되는 혼란의 길로 접어든다는 것. '내 인생'이라고 부르던 게 바로 그것이다. 하지만 관심을 주지 않으면 생각이 생기더라도 난 계속 평온하다.

그러한 이해에 도달하려고 애쓰는 동안 근심이나 내 삶을 제어하려는 조바심이 현저히 줄어들었고, 나는 그러한 것들이 단지 나의 습관이었을 뿐 나 자신이 아니었음을 알았다. 그러면 나는 누구인가? 나라고 여긴 모든 것은 만들어진 것이며 일시적인 것이라는 사실을 이해했다. 여성, 딸, 정신과의사, 배우자라는 역할은 실체 없는 꼬리표이며 나를 한정한다. 그 꼬리표를 떼어버려도 난 여전히 여기 살아서 존재했다.

내 인생에서 중요한 이들을 생각하고 그들을 잃는 상상을 했다. 집에 있는 가재도구를 보면서 모두 다 사라지는 경우를 떠올렸다. 돈, 관계, 커리어, 거처, 건강, 육신의 끝과 마주했다. 이 모든 것이 없어진다면 어떠할까? 평온하지 않을 이유가 없었다 - 그런데 여전히 찾고 있었다.

답을 찾아 유럽으로 떠나려는 차에 친구인 루퍼트 스피라와 저녁식사를 했다. 영적 스승인 그는 거기에 가서 뭘 찾을 거냐고 물었다. 나는 "오락가락하지 않는 존재의 안정감"이라고 대답했다. 루퍼트는 단호하게 말했다.

"그러면 오락가락하지 않는 것에 관심을 쏟으십시오!"

번개를 맞은 기분이었다. 유럽까지 찾으러 가려던 안정감은 늘 여기 있었다 - 내가 혼란과 씨름하느라 바빠서, 멈추고 알아보지 못했을 뿐. 생각, 의식, 신체감각, 사람들, 나와 타인에 대한 견해는 오락가락한다 - 이것들은 생겼다가 사라지는 대상이다. 하지만 안정되고 늘 존재하는 것은 무엇인가? 자각하는 본질. 그것은 아무것도 들어 있지 않은 순수한 에너지, 진정한 근본이 되는 존재의 토대다.

이런 지혜가 생기니 자아의 구조가 무너졌다. 매듭을 지어 '나'라고 부르던 존재가 있었다는 걸 알았다. 묶은 매듭을 풀자 머리통이 열린 것처럼 넓고 생기 있는 공간만 있었다. 이제 나와 다른 것 사이에 장벽이 없었다.

그 무렵 친구와 대화를 하는데, 연신 말하고 듣고 보고 미소 지었다. 주방 조리대 앞에 두 사람이 서 있었지만, 마치 한 사람인 듯 일심동체로 경험하는 순수한 친밀감은 사랑이라 부를 수밖에 없었다.

아무것도 없앨 필요가 없다는 걸 알고 얼마나 안도했는지! 이전에는 생각을 억누르고 아픈 감정을 없애려고 안간힘을 썼다. 그런데 누가 이렇게 안간힘을 썼을까? 단순하게 인식하면 어떤 것이 나타나도 충돌하지 않는다. 그 평화의 경험은 이루 설명할 수가 없다. 자연스러운 상태에서 두려움, 욕망, 욕구, 식별의 방해 없이 생명이 솟구친다.

새로운 발견 속에 살면서 복잡하고 두렵고 현란한 생활 바로 한가운데서 평온과 행복을 찾았다. 가끔 습관대로 하지만, 그러다 정신을 차리면 내가 결코 진정한 집을 떠난 게 아님을 깨닫는다. 감정이 밀려오면 푹 빠진다. 삶은 그렇게 나를 여는 데 필요한 것을 다시, 그리고 또다시 가져다준다.

이제 나는 평소와 같이 삶을 영위한다. 하지만 표면상 평범해 보이는 것은 아주 비범하다. 가장 깊은 평온, 충만한 가슴, 사물을 있는 그대로 온전히 받아들이는 것, 선택을 단순하게 만드는 확실한 안목, 상황이 어려워질 때 꿈쩍하지 않겠다는 결연한 의지……. 이것은 역동적인 사랑이다.

다시 당신에게

어떻게 스스로를 옥죄고 있는지를 들여다보고 자신의 본모습을 발견하는 과정은 열의 없는 사람에게는 맞지 않는다. 자신을 완전히 열지 않으면 돌투성이 길을 걷게 될 것이다. 모든 것을 질문하고 애착을 끊을 의지가 있어야 한다. 이 일을 시작하는 이유는 단 하나, 당신이 그렇게 해야겠다고 느껴서이다.

그랬다, 난 고통을 끝낼 길을 찾으려는 의욕이 있었고 그 길을 발견했다. 하지만 그건 편협한 개인의 관점에서 얻은 이해에 불과하다. 보편적인 인식의 눈으로 보면 일은 그저 생기고 그 이유는 아무도 모른다. 난 이 모든 은총에 감격한다.

그러면 왜 이 책을 읽을까? 왜 수행하거나 본질의 특성을 알아볼까? 여기까지 읽은 독자라면 자유롭고 싶을 것이다. 괴로움을 끝내고 싶고, 완전한 진실을 알고 싶고, 그럴 수 있다고 생각할 것이다. 맞다, 그럴 수 있다.

현재 깨어서 살아 있다는 깨달음만 있을 뿐, 길은 아무데로도 이어지지 않는다. 그러니 없는 길이라 하겠다. 당신은 아무것도 되지 않는다. 그저 당신의 경험에서 무심히 지나쳐버린 것들을 인식한다 - 지금 그게 가능하다.

이 혁명적인 여정에는 길잡이가 필요하며, 그것이 이 책을 쓴 이유다. 이 책은 우리가 경험하는 평범한 심리 문제와 우리를 자유롭게 해주는 진정한 영적 깨달음을 잇는 다리가 될 것이다. 정신은 무시 못할 힘이며, 익숙한 습관은 매우 뿌연 창으로 세상을 내다보게 한다. 불행에 갇히는 경위와 갈망하는 평온을 찾는 방법을 바로 지금, 바로 여기서 함께 모색할 것이다.

어떻게 과거에 얽매이고 미래에 대한 걱정으로 마비되는지를 풀어낼 것이다. 두려움, 슬픔, 수치심을 살펴보는 방법을 배우면 더 이상 감정에 휘둘리지 않는다. 또 자신이 동떨어지고 상처 입은, 제한된 존재가 아님을 알면 무한한 잠재성을 활용하기 시작하게 된다. 그 여정에서 나는 되새길 거리들, 실험, 안내자가 있는 명상을 제공해서, 가장 깊은 평온과 포용 안에서 깨닫고 일상생활을 하도록 도우려 한다.

일과 가족에 매인 속세의 삶에 몰두하여 살더라도, 진정한 집은 여기이고 늘 여기였다. 이것을 중요한 디딤돌 삼아 생활 속에서 자신이 어떻게 생각하고 행동하는지를 인식하는 방법과, 감정을 회피하지 않고 환영하는 방법을 배울 것이다. 더 행복해지고 삶의 환경이 개선될 가능성이 높다. 하지만 그것이 전부는 아니다. 이 책이 경험에 유의하라는 흔한 조언을 넘어서는 것도 그 때문이다.

완전히 자유롭고 싶다면 자기가 누구인지 알 때까지 계속 들여다보기. 당신의 생각이 말해주는 어떤 것도 당신이 아니다. 감정이나 사람들과 사물에 대한 집착은 당신이 아니다. 습관, 중독, 개성은 당신이 아니다. 심지어 이 육체를 가진 사람도 당신이 아니다. 오락가락하는 어떤 것도 본질이 아니며 당신이 아니다. 당신은 매 순간 살아서 자각하며, 의식으로서 여기 없었던 적이 없다.

함께 공부하면서 천천히 받아들이라고 권하고 싶다. 이 여정에서 가장 중요한 핵심은 만물에 마음을 여는 것이다. 읽은 것을 믿지 말고, 그 영감으로 자신이 경험하는 것을 묻기 바란다. 어떤 것도 당연시하지 말자. 실제로 무엇이 진짜인지 계속 내면을 응시하기를.

'나는 누구인가?'라고 묻는 것은 진지한 일이지만, 마음을 가볍게 하자. 본성은 상상보다 가까이 있고, 그 징후는 사방에 있다. 평온과 행복의 순간을 자각하고 깊이 경험하길 바란다. 모든 형태의 아름다움에 흠뻑 빠지자. 저절로 솟아나는 환희를 느끼거나 경험에 함몰하는 순간을 자각해보자. 깊은 사랑을 느껴보자. 이 순간들은 순수하다. 두려움, 욕구, 모자람, 욕망에 사로잡힐 때는 그 순수한 순간들에서 배울 수 있다.

나는 직접적으로만 알 수 있는 것들을 설명하고, 말로 옮길 수 없는 것들을 말하려고 최선을 다할 것이다.

집으로 가는 길이 결실을 맺기를 바라며.

캘리포니아 산타바바라에서

게일 브레너

| 차례 |

1
'나'를 발견한다는 것

자기계발 업계는 기본적으로 결함이 있다. '사람들이 한계가 있고 상처를 입고 모자라서 고쳐야 된다'라는 신화를 지속시킨다. 안타깝게도 이 업계는 당신과 같은 수백만 명의 사람들에게 그들이 마침내 행복하고 충만한 삶을 누리는 더 나은 미래를 꿈꾸게 한다.

그런데 이 모자란 자아가 진짜 당신이 아니라면 어떻게 할 것인가? 언제라도 행복하고 자유로울 수 있다면?

그 가능성을 발견하는 여정은 놀라운 사실로 이어진다. 찾고 있는 모든 것이 늘 여기 있었다는 사실. 발견하는 것은 새롭거나 낯설지 않을 것이다. 당신이 다른 것을 보고 있었을 뿐, 늘 본모습 그대로였다.

• 이미, 아주 잠깐이라도 어디서 솟는지 모르는 기쁨에 잠겨 즐거

웠던 적이 있다.

- 온통 마음을 다 빼앗는 사랑의 감정을 느껴보았다.
- 화합의 경이감을 안다.
- 예상치 못한 독창적인 표현의 불꽃을 경험해보았다.
- 참을 수 없는 웃음이 터진 적이 있다.

당신은 스스로 생각한 것처럼 한계가 많은 사람이 아니라는 걸, 그 이상이라는 걸 가슴 깊은 곳으로부터 안다.

행복은 – 어디서 찾아야 될지 안다면 – 흔히 생각하듯 찾기 어렵지 않다. 내면에 있는 물살은 만족을 향해, 평온과 느긋함 속에서 편안한 휴식을 향해 흐른다. 이 물줄기는 강력해서, 우리가 취하는 모든 행동은 행복을 찾으려는 시도가 된다.

인정을 구하는 것은, 사실은 온전함과 느긋함을 느껴보려는 것이다. 돈이나 물질을 얻으려고 버둥댈 때 사실은 욕구가 충족될 때의 편안한 순간을 갈구한다. 뭐든 무리하는 것은, 사실은 내면의 격동으로부터 행복, 평온, 그리고 안도를 갈구하는 것이다.

자신이 관계, 완벽한 직장, 심지어 어머니의 사랑을 바란다고 생각하기도 한다. 하지만 진짜 바라는 것은 갈등에서 해방되고, 부족하지 않고 만족스러운 완전해지고 싶은 내적 갈망이다.

평생 찾아다닌 것이 이런 안락이다. 그리고 직접적인 경험에서 그것을 확실히 알 수 있다.

하지만 그것은 물질, 사람, 상황 속에서 찾아지지 않는다. 생각 속에서도 못 찾는다. 그것은 변하고 믿을 수 없는 형상이므로 당신을 행복하게 해주거나 계속 행복감을 주지 못한다. 이것을 찾는 것이라면 탐색은 실패할 게 빤하다.

희소식 – 가장 놀라운 소식 – 은 그토록 원하는 평온이 지금 여기 있다는 것이다. 상황에 대한 기대에 급급하지 않고 진짜 본질에 '좋아!'라고 말하는 법을 배우면, 평온이 바로 앞에 있음을 알게 된다.

매 순간 무한히 잠재된 행복을 깨닫는 데 이르는 길은 혁신적이다. 진실이라고 믿는 모든 것 – 모든 이야기, 신념, 소망, 기대, 자신으로 아는 사람을 구성하는 감정들 – 을 의심하고, 불만과 불행과 고통의 원인을 찾는 의식의 전환이 필요하다.

관심을 소모시키는 생각과 감정을 솔직하게 살피자.

- 당신은 행복할 수 있게 다른 사람들이 뭔가 해주기를 기다리는가?
- 당신은 자신에 대해 못마땅한 점들에 집착하는가?
- 당신은 인생에서 어떤 일이 생기고 생기지 말아야 될지 계속 생각하는가?
- 당신은 두려움, 수치심, 근심, 우울 속에서 살고 있는가?

그렇다면 당신은 당연히 불행하다. 이런 일상적인 문제가 좌절과 실망을 안긴다. 이것들은 현재로는 부족하다고 생각하게 한다. 원하는 안락은 미래에나 얻을 수 있다고 믿게 만든다. '……하기만 한다면' 식의 사고는 행복을 누리지 못하고 쫓아다니게 한다. 이런 생각과 감정에 한눈팔면 가장 깊은 평온과 행복 – 바로 지금 가능한 – 은 보이지 않는다.

명확히 해두고 싶다. 지금 말하는 것은, 흔히 행복이라고 부르는 활짝 웃게 하는 감정이 아니다. 일이 술술 풀릴 때 느끼는 만족감도 아니다 – 이런 것들은 행복 자체가 아니라 행복의 표현이다.

모든 것을 있는 그대로 깊이 받아들일 때, 현재 경험하는 감정과의 내적 충돌은 끝나고 평온할 뿐만 아니라 기쁘고 만족스러워진다. 이것은 자연스러운 상태이며, 습관이나 고통스런 감정에 가려지기 전에 당신이 알고 있던 상태다. 행동하고 고치고 시도해야 된다는 압박감이 사라지면 순수한 생동감이 남는다. 두려움이 완화되고 만물과 친밀하게 이어졌다고 느낀다.

이것이 늘 가능한, 늘 발견되기를 기다리는 행복이다. 의식적으로 경험하지 못하더라도 행복이 여기 있음을 안다. 숨어 있더라도 이 사랑스러운 존재는 진심 안에 살아 있다.

'지금'으로 돌아가면

행복을 바라는 것은 당연하다. 그런데 엉뚱한 데서 행복을 구하는 경우가 너무 흔하다. 선의를 품고 – 또 다양한 전략을 구사해서 – 계속 행복을 탐색한다. 하지만 바로 그런 행위가 행복과 멀어지게 만든다.

일어나는 모든 일에는 순수성이 있다. 하지만 그것을 분석하고 과도하게 생각하고, 근심하고 반추하고 끝없이 고민을 되씹으면서 결국 자신의 일로 만든다. 편안함을 느끼려고 생각을 바꾸고 과거에 대한 소회를 바꾸고 미래를 통제하려고 애쓴다. 마침내 온전하다고 느끼고 싶어서, 다른 사람들에게 인정과 사랑과 용납 받는 것을 삶의 중심에 둔다. 그러다 온전함을 찾지 못하면 먹고 마시고 약에 취하고, 문자를 보내고 이상하게 분주하게 군다 – 고통스런 감정에서 순간적으로나마 놓여나려고 뭐든 한다.

자신의 바깥을 보면 흡족한 관계, 물질, 긍정적인 상황도 지속되지 않는다는 사실을 알게 된다. 결국 모든 것은 변하고, 그것을 좋아하는 마음도 변할 수 있다. 새로 뭔가를 받고 좋았는데 나중에 흥미를 잃은 경험이 있지 않은가? 당신이 통제할 수 없는, 이처럼 변화하는 것들에서는 행복을 얻지 못한다.

우리는 이 행복하려는 눈물겨운 시도 – 성과를 제대로 얻지 못하는 많은 노력 – 를 정상적인 삶으로 여긴다. 하지만 이것은 삶에 저항하는 것이다 – 그 문제나 혹은 그 문제를 회피하는 데 당신을 붙들어 맨다. 어딘가 다른 곳 – 즐거운 생각과 감정이나 더 긍정적인 삶의 환경 – 에서 편안함을 얻으려는 모든 노력이 '지금' 당신이 누릴 수 있는 기적을 막는다.

그 기적이 당신이 갈망하던 것이 아닌가?

관심의 힘

그토록 찾는 평화가 바로 여기 있는데 왜 그걸 모를까? 질문에 답하기 위해, 우리가 제어하는 가장 강력한 힘이자 최고의 동지인 관심을 살펴보자. 관심을 주로 소모시키는 요소는 생각이다. 생각은 우리를 고민으로 유인해서 믿게 만들고, 고민을 완전한 현실로 보게 한다. 또 장래를 걱정하고 과거를 후회하게 하는 이야기를 들려준다. 희망하고 탐색하고, 욕망하고 심판하고, 공상하고 추측하게 만든다.

감정은 또 어떠한가? 감정에 관심을 주면 신파에 빠지고 만다. 자격 부족, 끔찍함, 절망감에 휩싸여 불분명하고 비지성적인 선택을 하게 된다. 매일의 현실에 그늘을 드리우는 불행에 젖어 인생을 걸어가게 된다.

이런 생각과 감정의 패턴은 길들여진다 — 수십 년간 되풀이했을 것이다. 그것들은 관심을 받으면 그럴듯해 보이기 때문에, 우리는 현실의 다른 면을 놓치고 만다. 예컨대 과거의 어떤 사건이 속상하면, 그 사연과 감정적 반응이 완벽한 현실로 보인다. 그래서 고통스럽다.

관심을 다른 데 — 생각과 감정 너머 — 에 쏟으라고 조언하고 싶다. 직접경험의 한복판을 바라보면 된다. 우리는 사연과 신파에 관심을 쏟는 데 이골이 났다. *하지만 관심을 옮기지 않으면 깨달음이라는 단순한 진실을 놓친다.*

대안은 이것이다. 생각, 감정, 다른 대상에서 관심을 거두면 그 자체로 — 순수의식(경험의 지배를 받지 않는 선천적인 의식. 내가 깨어 있는 상태 — 옮긴이) 속에서 — 평온하며 당신은 평화를 얻는다. 이것이 늘 여기 변함없는 — 무엇이 나타나든 — 존재의 기반이다. 정신적·감정적 습관에 관심을 두지 않으면 그것을 의식 속에서 깨닫게 된다.

당신은 누구인가

믿기 힘들겠지만 이 순수의식이 '당신은 누구인가'이며, 이걸 알면 행복해진다. 불행은 단지 정체성을 잘못 안 경우일 뿐이다. 자기라고 믿는 것은 엉뚱한 생각과 감정, 습관과 반응이 왜곡되어 응축된 덩어리다. 이 자기라는 개념은 완벽한 진짜가 아니며 늘 불완전하게 느껴진다. 당신은 자신의 삶이 불완전하다고 생각하며 마침내 괜찮다고 느끼도록 변화시켜줄 무언가를, 그리고 지금보다 낫게 만들려고 애쓰지 않아도 되는 때를 기다린다. 행복하지 않다면 – 알든 모르든 – 당신이 스스로를 그렇게 규정하고 있는 것이다.

하지만 만약 당신이 이 초조하고 불만에 찬 사람이 아니라면? 당신의 본모습은 이름, 육체, 과거, 감정, 자신과 세상에 대한 믿음을 가진 그 개인이 아니다. 그런 것들은 당신에 *대한* 이야기일 뿐 진짜 당신이 아니다.

개별적이고 제한적인 자신(모든 것이 하나로 이어진 일체성 안에서 제한이 없는 '나'가 나의 본모습이다. 그런데 자신을 타인들과 분리된 개별적이고 제한적인 정체성으로 보는 게 문제라고 저자는 지적한다 – 옮긴이)에 대한 생각과 감정에 사로잡혀 정신없이 한눈파는 사이, 당신은 늘 바라던 존재가 바로 자신이라는 진실을 놓쳤다. 순수의식으로서 자신을 – 벌어지는 일을 감지하지만 변함없는 생명력으로 – 알면, 온전히 충족되고 부족함이 없고, 놀랍게 무한해진다. 빛나고 순수하고 투명하며 모든 것을 포용하면서 그 어떤 것도 배제하지 않는다. 어려운 경험이 생겨도 본성 그 자체로 평온하다.

걱정? 자기 심판? 고독? 질투? 불만? 배신? 이런 생각과 감정이 잠시 생기더라도 나의 본모습과는 무관하다.

이것을 아는 삶은 모든 것을 변화시키는 동시에 겉으로는 다르지 않는 혁신이다. 이 자각으로 관심을 돌리면 외부적으로 변화가 없지만, 심오한 평온과 명료함이 드러난다. 자신이 모든 것을 가진 존재임을 깨닫는다. 습성과 반복적인 푸념이 나타나더라도 본질이 아님을 알기에 덫에 빠지지 않는다.

자신이 존재 자체라는 걸 알면 - 복잡하고 혼란스러운 자각이 아닌 단순한 자각 - 괴로움은 영향력을 잃는다. 아무것도 개인적으로 받아들이지 않으니 행복하고 평온하다. 어떤 변화나 발전도 필요하지 않다. 아무것도 하지 않으면서 신중하고 깨어 있고 평온하며 고민이 없다.

완전한 출발점

이제 '듣기에는 그럴듯하지만 어떻게 그런 상태가 되지?'라는 의문이 생길 것이다. 이 책은 그 질문을 다룬다. 흔히 생각을 고민의 해결책으로 삼는다. 새 목적지로 향하거나, 고층 빌딩을 짓고 싶거나, 운전을 배우고 싶다면 생각해서 해결할 수도 있다. 하지만 이 행복 찾기의 경우, 생각은 도움이 되지 않는다. 당신이 찾는 행복은 생각이 나타나기 전에 이미 여기 있으니까. *마음의 바깥을 봐야 한다.* 이것은 스스로 자기라고 믿는, 마음에 끌려다니는 사람의 시각과는 전혀 다르다.

외부에서 행복을 탐색하는 행위를 중단해야 행복을 경험할 공간이 생긴다. 그런 탐색을 중단하려면 어떻게 해야 될까? '당신'은 그럴 수 없다. 행복해지려면 뭔가 해야 된다고 믿는 개인적인 자아가 나라는 관념이 거짓임을 알 때 비로소 그 탐색이 끝난다.

자아가 전체와 분리된다는 믿음은 큰 혼란을 초래한다. 우리는 그 생각이 진실이 아닌데 진실이라고 짐작한다. 그 목적을 결코 이루지 못하면서 스스로를 개선하려고 버둥댄다. 두려움의 실체가 뭔지 모르면서도 두려움에 휘둘려 선택한다. 원하는 것을 얻길 바라다가 뜻대로 안 되면 실망한다. 반복해서 습관에 사로잡혀 무턱대고 나아간다. 멈춰 서서 이 못마땅한 습관을 의심하지 않는다.

이 책의 목적은 두 가지다. 하나는 이런 혼란의 영역을 명확히 밝히기. 다른 하나는 자신이 평온한, 자각하는 존재라는 진실을 조명하기. 자신을 불행하게 만드는 요소를 명확히 파악하는 데 초점을 맞춰, 진정한 행복이라는 현실을 누리게 도우려 한다. 마음이 약한 당신은 두려움과 고립 속에 사는 고통을 느낄 테고, 우리는 함께 다른 길을 찾을 것이다.

어느 순간 무엇을 자각하든 조사의 출발점은 바로 여기다. 같이 걸으면서, 어떻게 자격지심이나 통제해야 된다는 감정이 행복을 빼앗는지 살펴보자. 두려움, 죄책감, 수치심, 한, 분노를 조사해 푸념과 감정의 본질을 파헤칠 것이다. 몸에 밴 습관화의 면면을 조사할 것이다.

다음과 같은 기본적인 질문을 던질 것이다.

- 푝넘에 집착하면 어떤 일들이 생기는가?
- 나는 무엇을 믿는가? 그런 믿음은 진실인가?
- 내가 중시하는 이 감정은 정확히 무엇인가?
- 나는 누구인가?

우리는 또한 자신을 규정하는 개념이 허위임을 알 때까지 계속 질문할 것이다. 자기라고 생각하는 것을 놓는 것이 본모습에 들어가는 깨달음임을 알게 될 것이다. 눈앞에 펼쳐지는 삶에 저항하지 않는 소박한 기쁨을 맛보게 된다. 열정, 자연스러운 기쁨, 단순한 이해를 힘들이지 않아도 경험한다.

이 잠재성이 늘 여기 있었다는 것도 깨닫는다. *당신이 왜곡된 사고와 복잡한 감정에 얽매여 보지 못했을 뿐.*

인생에 '예스!' 하며 살기

우리는 현실을 부정하는 데 이골이 나서 인생에 '예스!'라고 말하는 능력을 잃었다. 툭하면 거부하는데, 이것은 고통받는 법에 통달했다는 뜻이다. 부정적인 생각을 믿고 감정을 내면 상태를 재는 잣대로 받아들이는 것은 진실에 맞서 싸우고 있다는 의미다. 그런 상태라는 걸 어떻게 알까? 모든 방면에서 위기와 마주친다면 바로 그런 상태다.

'그이가 그렇게 말하면 안 되는 거였어'라는 생각은, 당신이 그에게 기대했던 말이 옳다고 믿으니 그가 실제로 한 말을 거부한다는 뜻이다. 사업을 시작하고 싶지만 미뤄두고 계속 고용직으로 일하는 것은, 자연스러운 존재의 흐름을 부정하고 두려움을 안고 달리는 것이다. 자신이 부족하다는 속상한 푸념 때문에 괴롭다면, 자신이 훌륭하다는 진실을 거부하는 것이다.

어떤 갈등이든 경험한다면, 관심을 준 생각과 감정의 숨은 면을 찾아보기 바란다. 순간적으로 자기가 누구인지 잊었다는 뜻이니까.

'예스!' 속에서 살면 자신이 온전하고 무한한 존재임을 알게 된다. 모든 것을 있는 그대로 깊이 수용한다. '이건 아냐'에서 '이것도 좋지'로 바뀌면서 두려움이 사랑으로 녹아든다. 인생이 이러이러해야 된다는 개념과 감정적인 반응이 함께 힘을 잃는다. 거부하지 않는 당신은 진실하고 행복한 존재다. 머리로 짓고 두려움을 토대로 삼는 삶이 끝나고, 존재에서 우러나는 순응하는 삶이 시작된다. 순리 속에서 인간적인 삶을 끌어안게 된다.

이 존재를 실현하기 위해 아무것도 부수거나 없애지 않아도 된다. 이것은 심리를 바꾸거나, 기껏해야 일시적인 위안을 주려고 과거의 감정을 해소해주는 책이 아니다. 더 긍정적으로 생각할 필요도, 긍정을 믿을 필요도 없다. 감정을 알아낼 필요도, 자신을 고칠 필요도 없다. 욕망을 드러낼 필요도, 더 나은 사람이 될 필요도 없다. 모두 너무 애를 먹이는 일이지 않은가!

본성을 알면 자조나 자기계발은 끝난다. 어째서? 돕거나 계발할 대상이 따로 없으니까. 이건 한결 간단한 일이다. 자신이 스스로 믿는 개별적인 존재가 아님을 깨닫는 일이다. 여기 평온이 깃든다.

어떻게 하면 이런 존재 방식을 알까? 생각과 감정이라는 불만스런 것들을 초월해서 자각하는 기억에 담긴 다른 것을 탐구하러 가자. 그런 다음 진정한 삶으로 실험해보자 ─ 지금 당장. 어떻게 과거의 상처 없이 새롭고 친밀하게 사랑하는 이들을 만나는지? 성취를 위해 그토록 중요하다고 생각했던 것들은 어떠한지? 불안, 욕망, 고민 없이 사는 건 어떠한지? 진정한 인생의 목표가 무엇인지?

생각과 감정을 자신으로 여겼던 것만 달라졌는데, 습관과 답답한 상황이 전혀 다르게 보인다. 사랑이 우러나는 반응 ─ 두려움과 분리에서 나온 게 *아닌* ─ 이 나타난다.

마음에 의심이 생기면 알아두기를. 당신은 평온을 실현할 수 있다. 전전긍긍한다면, 자신을 다른 사람으로 잘못 아는 것이다. 명료함이 지척에 있으니 금방 관심을 자각으로 옮길 수 있다. 여기서 당장 직접적인 경험을 하게 된다. 명료하고 똑똑하게. 집에 온 것이다.

자각하는 순간, 모든 것이 변한다

물을 찾는 물고기처럼 당신은 이미 여기 있는 것을 찾으려고 애쓰기에, 실은 아무런 조치도 필요치 않다. 하지만 강하게 밴 습관 너머를 보아야 하므로, 이 탐험에 어떤 자세로 임할 것인가가 중요하다. 잘되지 않은 일에 대해 스스로에게 진정으로 솔직할 수 있는가? 그 불행을 이용해 새로운 존재 방식이 가능해지도록 할 수 있을까?

고통받는 것에 지쳤다면 도움이 된다. 하지만 몸에 밴 습관의 양상이 드러나면 자신에게 연민을 갖기를. 정신, 마음, 몸을 완전히 열기 바란다.

이 책은, 살면서 무심코 보인 습관을 의식하고 자주 당연시하거나 놓치는 순수한 존재의 순간을 자각하게 돕는다. 각 장의 말미에 실린 반추, 실험, 조사, 명상은 순간의 경험을 탐구하게 한다. 이 부분을 자세히 살필수록 좋다. 본모습을 알아낼 가능성을 읽을 수 있다 – 하지만 방관자에서 벗어나 '예스'라고 말해야만 잡기 힘든 평온과 행복을 찾을 것이다. 내 경우 평온을 찾은 남의 경험담을 수동적으로 듣다가, 적극적으로 순간의 경험 속에서 살기 시작하면서 획기적인 순간을 맞이했다. 그때부터 모든 것이 변했다.

다행히 여러분은 탐구를 거들 이동 실험실을 갖고 있는 셈이다. 직접경험이 그것이다. 언제든 이 답답함의 원인을 내면의 과학자에게 물어볼 수 있다. 고민에 빠지는 상황을 제대로 감지하면, 늘 옆에 있는 무한한 가능성을 실현할 수 있다. 결국 마음이 물러나고 모든 것이 드러난다.

무엇을 버려야 될까? 거짓되고 왜곡된, 제한적인 시각을 넘어서 현실을 보자. 어디서나 빛나는 투명하고 경이로운 자신을 인정하기를. 싱그럽고 생기 있는 당신을.

1. 관심에 익숙해지자. 잠시 어떤 생각을 한 다음 호흡에 몰두한다. 이제 관심을 의자에 기댄 등의 감각으로 옮긴다. 어떻게 다른 양상의 경험에 관심을 둘 수 있는지 살핀다.

2. 어떤 일이 벌어지는지 보기 위해 이 실험을 해보자 – 답을 확실히 알 필요가 없다. 어떤 물체를 보면 자각하는가? 어떤 소리를 들으면 자각하는가? 어떤 것에 몰두해야 자각할 수 있는가?

3. 뭐든 기쁨을 주는 것을 떠올리자. 이제 그것에 몰두하는 것을 중단하고 기쁨 자체를 경험한다.

4. 시간을 내어 반추하고 목록을 만들어보자. 당신은 어떤 방식으로 인생에 '노'라고 말하는가?

2
당신은 왜 불행할까?

당신의 본모습은 깨어 있고, 살아 있고 생생하며 완전히 평온하다 - 늘 그래왔다. 그것이 기적이다! 자신은 모르더라도 순수하고 선량하며, 무엇도 저항하지 않는다 - 아무리 삶이 괴롭거나 충격적이거나 비참했더라도, 늘 그래왔다.

자, 그렇다면 당신은 왜 불행할까?

이번 장은 당신의 본모습을 아는 길을 이해할 토대를 마련한다. 어떻게 왜 괴로운지를 밝히고, 고통에서 벗어날 방법의 개요를 제시한다. 행복을 갉아먹는 고민을 해소할 수 있게 - 궁극적으로 자유로워지도록 - 탐구할 것이다.

너무 무거운 내용일까 염려하지 마시길. 조금씩 이해할 수 있도록 각 장마다 모든 내용이 찬찬히 설명된다.

같은 개념을 의도적으로 반복해 설명한다. 사람들은 흔히 지침을 반복해서 들어야 이해의 그물이 열려 새로운 존재 방식이 들어갈 자리가 생긴다. 언제든 진정한 '예스!'를 발견하려면 본질을 제대로 알아야 한다. 이것은 이제껏 알던 철학, 신념 체계, 사고 과정을 넘어서는 일이다.

내 경우 구름이 흩어지기 시작하는 데 몇 년이 걸렸고, 같은 말을 거듭 듣고 나서야 그 말뜻을 경험했다. *여기서 내 목표는, 명확하고 직접적이고 이해하기 쉬운 이야기로 당신의 마음이 열려서 상상할 수 없을 정도로 깊은 평온을 누릴 수 있도록 하는 것이다.*

이제 그 목적지를 향해 출발!

'이게 바로 나야!'라는 생각

순수한 존재의 자유와 열림을 잃으면, 고통이 중심부를 차지한다. 이 상황은 자신을 남들의 영향을 받는, 감정과 사연을 가진 사람으로 규정하면서 시작된다. 이게 당신의 본질이라면, 당신은 당연히 불만이 많고 자격 미달일 것이다.

다음 중 어느 것이라도 해당되는가?

- 머릿속으로 극적이고 감정적인 푸념을 반복한다.
- 내적 비판을 자주 한다.
- 여전히 과거사에 얽매인다.
- 초조하거나 두렵거나 낙심된다.
- 타인에게 인정과 용납을 받는 쪽으로 삶을 이끈다.

- 충분히 훌륭하지 않을까 염려된다.
- 충동과 중독으로 자신을 위로한다.
- 자신에게, 그리고 다른 사람과의 관계에서 무언가 빠진 게 있는 느낌이다.

이런 습관은 찰싹 달라붙어서 실제처럼 보인다. 사실 당신은 이렇게 처신하지 않는가? 이런 감정을 느끼지 않는가?

이런 패턴이 삶의 경험에 갈등과 혼란을 초래한다. 멈춰서 들여다보지 않았고, 이것을 정체성이라고 오해했기 때문이다. 무심코 편한 슬리퍼를 신듯 매일 자신과 주변 사람들에게 불만스러운 파장을 경험한다. 마음 깊은 곳에 평온이 있는 줄 알지만 거기에 도달하는 길을 찾지 못할 것만 같다.

투덜대고 싶지 않은데 자꾸 엇나간다

불행은 삶의 외적 상황이 아니라 거기에 반응하는 방식과 상관 있다. 내면의 반응에 어떻게 연관 짓느냐도 중요하다. 배우자가 딱딱한 말투로 퍼붓는다고 해보자. 당신은 즉시 '내가 뭘 잘못했다고 이래? 당신은 날 이런 식으로 취급할 권리가 없다고'라고 반응할 것이다. 분노와 좌절에 빠지고, 몸에 관심을 기울이면 긴장과 동요가 느껴진다. 자극을 받았고 반응은 고통을 일으킨다.

하지만 당신이 고통받을 때 그다음의 행동에 대하여 당신은 언제나 스스로를 자유롭게 할 선택권을 가진다. 상황, 자신, 신, 악운,

배우자를 비난하면서 그가 했어야 할 일 혹은 하지 말았어야 할 일에 대한 기대에 계속 매달려 있을 수도 있지만, 자기 내면의 경험에 호기심을 가질 수도 있다.

첫 번째 옵션은 감정적인 반응을 무시하거나 회피하고, 대신 그것에 대한 생각의 소용돌이에 빠지는 것이다. '그이가 ……하면 안 되는 거였어. 나는 ……할 자격이 있어. 왜 나한테 이래?' 그러면 일어난 일에 대한 이야기에 계속 갇히기 때문에 고통이 연장된다.

두 번째 옵션은 자유를 향해 문을 여는 것이다. 이것이 혁신적인 이유는 사연을 개입시키지 않기 때문이다. 그러면 내면에서 실제로 벌어지는 일 – 생각, 감정, 신체감각 – 을 탐구할 수 있다. 이 탐구는 자신을 완전히 새로운 방식에 연결시키므로 종전의 패턴을 끊는다.

관심을 음식이라고 생각해보자. 초조한 생각을 많이 할수록 속이 더 불편하다. 배우자가 윽박지르지 말았어야 했다고 생각하면서 불편해지기 시작한다. 어느 결에 마음은 상대가 저지른 모든 일에 불평하고, 낙심되고 무기력해지면서 하루 종일 나락으로 빠져든다. 배우자에게 응수하면 상황이 더욱더 꼬인다. 기분이 나아지기는커녕 피해자가 된 기분이다.

대안은, 벌어진 일을 푸념하는 데 관심을 두지 말고 순간의 경험을 자각하는 것이다. 마음에 생각이 주입되지 않으면, 감정을 알아차려 경험하게 된다. 신체감각을 인식해서 그대로 둔다.

한데 이게 행복과 무슨 관계가 있을까? 이런 경험을 고스란히 두면 – 피하거나 합리화하거나, 분석하거나 무시하지 않고 – 괴로운 생각과 감정의 장악력이 약화되기 시작한다. 그것들은 바로 생겼다가 사라지는 경험임을 알게 된다. 그런 다음 자각되는 경험을 탐구하면서, 생각과 감정이 자각 속에서 생기는 걸 인식한다. 대단한 통찰이다! 전에는 머릿속과 감정 사이에서 독백을 늘어놓던 공간이 새로이 발견된다. 이 자각하는 경험은 근심을 떨치고 자유롭게 한다.

화내거나 서러워할 필요가 없음을 알아두자. 불안하거나 속상한 푸념에 갇힐 필요가 없다. 평온하고 새로운 방식으로 상황에 대응할 수 있음을 – 그런 생각과 감정에 집착하는 걸 멈추자마자 – 깨닫자. 자신이 이미 일어난 일에 전전긍긍할 때도 놀랍게도 그 가능성은 늘 그곳에 있었다.

남들에게 인정받고 싶은 욕구를 예로 들어보자. 이 욕구를 경험하면, 자신이 자격 미달이라거나 단점이 많다는 생각에 사로잡혀 스트레스를 받는다. 남들의 인정을 바라면서 살지만, 인정받지 못한다는 의심이 밀려든다. 그러면 사람들의 요구에 자기 견해를 밝히거나 '노'라고 말하기가 주저된다. 남들의 비위를 맞추느라 애쓰면서 서럽고 외롭고, 지치고 이용당하는 기분까지 맛본다.

어떤 이들 – 아마도 당신 – 은 수십 년째 이 복잡한 감정에 얽혀서 산다. 이 불편하게 생각하고 느끼고 행동하는 방식을 당연시한다. 어떻게 해볼 도리가 없는 것 같다. 이런 삶이 최선일까?

다행히도 당신에게는 선택권이 있다. 자신이 무가치한 인간이라는 생각을 안고 절망감이 사라지기만을 바라면서 살아갈 수도 있다. 아니면 머릿속에 맴도는 푸념을 끊고 실제 경험을, 자각 속에 올라오는 감정과 신체감각을 발견할 수도 있다. 이것이 본연의 자신을 만나는 길이다. 뭔가 부족하다는 푸념을 부채질하지만 않으면, 언제든 당신은 솟아나는 생각, 감정, 신체감각과 함께 여기 그대로 존재한다. 이 진정한 것을 이해하면 아무 문제도 생기지 않는다.

마음에 단단히 고착된 생각의 패턴을 풀려면 시간이 걸린다. 하지만 깨우칠 때마다, 케케묵은 사연에 걸려들지 않고 자각할 수 있음을 깨달을 때마다 사연에 갇혔던 자아가 점차 흩어진다. 그때마다 본모습을 알 때 누리는 자유가 언뜻언뜻 보인다.

늘 평온이 깃들이고 기쁨이 피어나는 본모습을 되찾으려면 해결책을 밖에서 찾지 말아야 한다. 문제를 남의 탓으로 돌리거나 행복과 성취를 안겨줄 환경이 무르익기를 기다리지 않는 전환점에 이를 것이다. 관심을 자신에게 돌리는 유턴을 한다고 생각하자. 무슨 일이 벌어지더라도 여기서 모든 걸 자각한다. 생각, 감정, 신체감각을 자각하되 반응하지 않는다. 은총이 가득한 순간이 온다.

분리는 근본적인 오해다

삶에 불행과 부조화를 가져오는 성향은 어디서 나올까? 자기도 모르는 사이에 몸에 밴 성향이 관심을 옭아매서 그걸 놓지 못했다. 무섭게 단단해진 습성은 자신, 인생, 세상을 규정하는 한편 느긋하고 평온한 상태를 감춰버렸다. 자신을 전체에서 분리되고 한계가 많은 사람으로 오해하면서 본모습과 분리되어 살았다.

하지만 분리는 적이 아니다. 우리가 세상에서 생존하는 자연스러운 발달 과정이다. 갓난아이는 분리되지 않은 상태의 현실을 경험하기 시작한다. '나'와 '타인'이 따로 없이 모든 것이 똑같고 있는 그대로 경험한다.

몇 달 지나면 자신과 주변 사물과 사람들이 분리되었다고 인식하기 시작한다. 이제 '나', 타인, 개별적인 사물이 있다. 이 놀라운 발전 덕에 세상에서 제 역할을 하는 방법을 배우고 욕구를 충족시키고, 놀고 성장할 수 있다. 아이들은 사람들과 사물로 이루어진 환상적인 세상과 자신이 어떻게 연관되는지 끝없이 궁금하다. 하지만 이는 자신의 본모습을 잊기 시작하는 것이기도 하다.

남의 말을 믿기 시작한다. 사람들은 당신이 이름, 관계, 내력, 욕구, 사상, 감정, 업적으로 규정된다고 말한다. 당신은 소유한 것과 소유하지 않은 것이 자신을 설명한다고 짐작한다. 모든 것에 깃든 순수한 존재라는 순리를 잃고, 대신 자신과 모든 것에 대한 생각에 사로잡힌 기분을 느낀다. 이것이 분리다.

실질적으로 세상 무엇도 본모습을 일깨워주지 않는다. 삶은 생산의 맥락 – 가족, 학교, 정부, 사업체 – 에서 일어나고, 그것을 만드는 사연은 무척이나 현실 같다. 갈라놓고 분리하는 거짓 정체성의 집단 최면에 빠진 우리는 뇌가 만든 현실대로 살게 훈련받는다. 그러나 우리는 결코 과연 이것이 본질인지 고민하지 않는다.

하지만 우리가 아는 현실에 확실히 이상한 징후가 있다. 괴로움이 그것이다. 그렇다, 상황이 행복과 충만감을 느끼게 하면 만족감을 경험한다. 한데 시간이 지나면 다시 불만이 생긴다. 결국 '인생에 이것밖에 없나? 내가 진정 행복해질까?'라는 의문이 생긴다.

자신이 전체와 분리된 독립된 존재라고 확고하게 믿으면, 해소되지 않은 과거사의 고통에 빠진다. 어릴 때는 위협을 받으면 – 유기, 방치, 비난, 학대, 애정결핍, 부모의 기대에 부응해야 되는 압박감 – 어떻게든 순응하려 애쓴다. 이것은 불안과 혼란에 대한 자연스러운 반응이다. 안전감과 행복을 되찾으려고 필사적으로 노력하면서, 자신과 세상과 인간관계의 패턴에 대한 왜곡된 신념 체계를 발전시킨다. 어릴 때는 이 체계가 통하지만 결국 역기능을 한다. 감정을 감추고 인정받고 어떻게든 통제권을 유지하여 자신을 보호해야 된다고 배워서 그렇게 행동하는 것은 단기적으로 도움이 된다. 하지만 결국 효과가 없다는 것은 두말할 필요도 없다.

과거의 고통을 끝내려면 지성적으로 접근해야 한다. 그러지 않으면 앞서 실패한 전략들이 – 거기서 생긴 고통과 함께 – 더 단단히 자리잡는다. 벌어진 일을 곱씹으면 몸은 예전과 똑같이 반응하고, 감정과 행동은 통제권에서 벗어난다.

당신은 존재의 광채를 잃었다. 자신이 한계가 있고 분리되었다고 착각했다 – 그러느라 평온을 얻을 수 있다는 사실을 놓쳤다.

이 고통은 언제 끝날까?

보통은 이런 문제를 해결하려고 장기간 심리치료를 받고, 긍정적으로 사고하자는 다짐을 반복하거나 자기계발서를 읽으면서 과거를 해결하려 한다. 하지만 이 책에서는 다른 길을 선택하고, 그것이 진실한 길이다.

어릴 적의 힘든 경험을 치유할 명약은, 과거사의 푸념 속에서 해결책을 찾는 게 아니다. 결국 누가 누구에게 무슨 짓을 했느냐는 중요하지 않다. 자신을 상황의 제물로 느끼겠지만 그건 스스로 택한 정체성일 뿐이다. 그리고 이것은 당신이 갈망하는 명료함과 평온을 얻는 데 도움이 되지 않는다.

미묘한 사연과 몹시 찐득한 감정의 앙금으로 뭉쳐진 과거는 흔히 짐작하는 양상으로 존재하지 않는다. 과거의 진정한 의미는 일어난 사건이 아닌, 그것에 대한 자신의 반응에 있다. 제대로 보면, 해결되지 않은 과거사는 사실 강력한 신체적 요소와 기억이 담긴 감정으로 이루어진 패턴이다. 그 감정이 현재라는 장에 등장한다. 이러한 경험을 자신이 자각한 것으로 받아들이면 – 본질적이고 의미 있고 개인적으로 받아들이지 않고 – 이것들은 당신을 규정하는 힘을 잃기 시작한다. 결국 가장 깊은 평온이 나타난다. 예전에는 문제인 줄 알았던 일이 거북하지 않다. 이것이 내면에 살면서 당신의 관심을 기다리는 가능성의 씨앗이다.

당신이 괴로운 이유

삶에서 보이는 습관과 성향의 뿌리에 더 깊이 다가가면, 간단히 넘겼던 아픔을 발견한다. 바로 이것이 괴로움의 이유다. 아무도 어릴 적의 기본욕구를 모두 충족하며 성장하지 않는다. 중요한 부분에서 지지받지 못한 이들도 있다. 다음에 해당되는 항목이 있는가?

- 배가 고프거나 애정 어린 관심이 필요할 때 요람에 방치되었다.
- 용납되지 않는 행동을 했다는 말을 듣고 수치스러웠다.
- 성취를 무시당하거나 성공하라는 압력을 받았다.
- 심한 비판을 받은 후 자신을 증명하겠다고 다짐하거나 회의감에 빠졌다.
- 신체적·성적·감정적 학대의 대상이 되었다.

아이들은 당연히 이런 공포나 혼란스러운 상황에 감정적으로 반응한다. 모든 감정은 강력한 신체감각으로 시작되고, 언어를 배우는 시기가 되면 특정한 느낌이 포함된다. 예를 들어 어릴 때 어른이 고함치면 아이의 몸은 즉시 긴장하고, 이것은 위협에 대한 자연스러운 반응이다. 이 감각을 안전하게, 의식적으로 경험할 방법을 모르는 — 그래서 감정을 표현할 공간이 없는 — 채로 아이는 끓어오르는 불만 혹은 공포에 사로잡혀 무력하게 앉아 있다.

아이들은 혼자서 강한 감정을 처리하는 방법을 모르고, 많은 부모는 자기 아이를 정서적인 삶으로 이끄는 방법을 모른다. 어린아이가 감정적인 반응을 경험할 때 부모가 비판하지 않고 인정해주는 것이 이상적이다. 그러면 아이는 환영받고 해방되는 감정을 느낀다. 감정이 괜찮다고 용납되면, 거기에 저항하거나 부인할 필요가 없다. 수면 아래로 들어갈 필요가 없으니 앙금이 남지 않고 안락한 상태로 복귀한다.

그럼에도 어른들은 자신의 강력한 감정을 처리할 재간이 없고, 따라서 그런 상황의 아이를 지지해주지 못한다. 그러니 아이들은 너무 억눌리고 고통스러워서 견딜 수 없는 경험을 갖게 된다. 감정을 비판받거나 무시당하면, 혼란과 위협에 빠지고 불안전하다고 느낀다. 시간이 지나면서 안전감을 회복할 지름길은 감정을 억제하고 의식 밖으로 밀어내는 것이다. 그래서 우리는 그런 감정이 없는 척하는 데 통달했다.

감정을 의식 밖에 묻으면, 전체와 분리된 자아를 경험한다. 힘든 감정이 어두운 무의식 속에 숨어서 여전히 몸에 남아 있다 — 자각해서 자리를 만들어주고 용납해야 그 감정에서 놓여나는데도. 우리는 그 감정이 너무 고통스럽다고 믿는다.

계속 내면의 경험을 납득하려고 애쓸 때, 이 탐구되지 않은 감각이 생각을 소용돌이치게 한다. 뭔가 어긋났다고 느끼지만 그 밑바닥에 닿지 못한다. 어떤 상황이 이 감정을 건드리면, 몸이 긴장되고 생각, 감정, 행동이 통제 불가능할 것 같다. 행복과 평온을 간절히 바라지만, 불행을 일으키는 행동을 반복한다. 분리되고 소외된 기분이고 혼란스럽다.

이 고통은 몸에 습관으로 들러붙어 감정을 가로막는다. 그 결과는? 물질, 쇼핑, 섹스, 음식 중독, 갈등 회피, 멋대로 굴기, 사랑과 관심 갈구, 완벽주의, 미루기, 과로, 낮은 자존감, 오만 등등 무수하다.

힘든 감정을 대면하지 않으려고 무수한 방법을 동원한다.

이런 습관의 중심에서 행복을 열망하지만, 습관은 고통을 회피하고 실제 경험하는 것을 부인하게 한다. 관심을 되돌려서 회피했던 것을 사랑스럽게 만나야만 비로소 습관의 계속되는 괴롭힘을 끝낼 수 있다.

이런 상황이 되면 크게 심호흡하고 자축하기를! 그것이 현재 경험과의 아름다운 우정의 시작이니. 또한 갈망하는 평온이 있는 집으로 가는 길이다.

울고 있는 내면의 아이는 없다

탐구되지 않고 남은 감정은 습관의 뿌리에 남고, 이 습관에 사로잡힌 당신은 불만스럽다. 경험하는 즉시 대면해서 '예스!'라고 말하면 모든 게 변한다. 이 습관의 구조가 똑똑히 보인다 – 실제 벌어진 현실과 다른 자신의 믿음과 기대가 어떻게 습관을 만드는지 드러난다. 그러면 자각을 피해 숨겼던 감정이 인식되고 의식적으로 느껴진다.

어떤 프로젝트를 추진 중인데 자꾸 미룬다고 하자. 일과 상관없는 활동에 관심을 쏟고는 자신에게 실망하면서 하루를 마무리한다. 다음 날 집중하려고 방안을 강구하지만 또 한눈을 판다. 마음이 평온하지 않다.

이 패턴은, 지금 벌어지는 일을 당하면서 생각하고 느끼는 데 관심을 돌려야만 비로소 중단된다. 우선 생각을 자각해보자.

- 난 오늘의 목표를 채우는 데 실패했어.

- 나한테 화가 나.

- 프로젝트를 완수해낼지 걱정이야.

그러면 관심을 신체로 옮겨 이전에 몰랐던 감각을 발견한다. 뒷목이 뻐근하고 배 속이 울렁대고 턱이 조인다. 경험 중인 감정이 두려움인 게 분명해진다. 미루기라는 안개 속을 헤매는 사이 저변의 감정과 두려움, 두려운 경험의 일부인 신체감각을 간과했다.

이것은 놀라운 발견일 것이다. 모르고 지나치는 감정과 신체감각이 수두룩하고, 놓치는 삶의 요소 – 소중한 경험 – 가 워낙 많다. 그러니 이것은 상상 이상의 행복과 평온으로 들어가는 문이다. 어떻게 그럴 수 있을까? 한 걸음 더 들어가자.

어떤 감각을 의식할 때, 예컨대 턱이 조이면 다음의 상황이 된다. 자각하는 자신이 있고 조이는 감각이 있다. 느껴지는 조임과 별개로 이 '자각하는 자신'은 무엇인가? 의식하기에 관심을 두면 뭔가 알아차려진다. 그것은 열려 있고 다정하고, 친밀하고 순하고, 담담하면서 우호적이다. 그것은 다 괜찮다는 느낌을 발산한다. 밀거나 당기지 않는다. 경계도 없고, 어떤 것과 분리하는 구분도 없다. 그것은 여기 있고 어디나 있다. 그냥 존재한다.

이 자각에 머물면 느긋해지고 걱정이 줄어든다. 또 찬찬히 살피면, 자각하는 것에 몰입하지 않아도 늘 자각할 수 있음을 알게 된다.

당장 경험해보면 어떨까? 이 단락을 다 읽은 후 책을 내려놓고 지금 느껴지는 몸의 감각을 자각해보자. 그런 다음 관심을 감각에서 '자각하는 자신'으로 돌린다. 1~2분간 그 상태를 유지한다. 어떤 경험을 했는가?

당신이 지금, 또 항상 자각한다는 것은 확고한 사실이다. 당신은 사물을 자각하는 경험이 있음을 안다. 누군가와 대화 중 각자 말하면서도, 생각하거나 느끼거나 움직이거나 허기를 경험할 때도 당신은 주변의 것들을 의식한다. 스스로 깨닫지 못해도 자각은 경험의 한복판에 자리해왔다. 그렇지 않다면 어떤 일이 벌어지는 걸 스스로 어떻게 알 수 있었을까.

이제 어떤 대상을 자각하든 아니든, 자신이 자각한다는 걸 경험한다. 이것이 순수 존재이며, 갈등에서 해방되어 평온하다. 감각이나 생각, 감정 같은 대상은 의식 속에서 일어났다가 흩어질 수 있다. 하지만 안정적이고 널찍한, 안락한 상태인 자각은 계속 존재한다.

가구가 꽉 찬 방에 존재하는 공간처럼 자각은 그 안에 솟아오르는 것이 무엇이든 아무 문제가 없다. 자각은 고통스런 감정을 무한히 품을 수 있다 ─ 상처, 분노, 공포, 결핍 등 어느 것이나 당신이 그토록 오랫동안 억눌러온 것들을 품어 안는다.

당신이 방어하거나 회피하거나 숨기려 해왔던 것이 무엇이든 ─ 마음에 안 들고 무서운 것이라도 ─ 마침내 마음과 정신, 몸과 영혼의 그늘에서 나올 수 있다. 이제 당신이 그것이 차지하는 공간을 자각할 수 있기 때문이다.

자각에 관심을 둘 때마다 삶의 흐름을 방해하던 것이 중단된다. 자기를 보호할 필요가 없으니 모든 게 있는 그대로일 수 있다. 경험이 펼쳐지는 대로 가만히 있을 수 있다. 이제는 감정을 회피할 필요가 없다. 느긋할 것이다.

여기, 놀라운 점이 있다. 매 순간 당신은 선택권을 갖고, 이것은 자유를 얻을 기본적인 선택이다. 당신은 과거에 상처받은 사연, 장래에 대한 근심, 자신과 세상에 대한 부정적인 판단에 몰두하는 쪽을 택할 수도 있다. 혹은 관심을 자각으로 돌려서 자유로워지는 쪽을 택할 수도 있고.

자신을 항상 무언가 부족한, 분리되고 제한적인 존재로 볼 수도 있지만 생명의 순수 핵심인 자각으로 살 수도 있다. 여기서 관점의 전환이 일어난다. 두려움에서 비롯된, 지키고 고쳐보려는 활동에서 사물을 본연 그대로 맞이하는 지혜로 바뀐다. 더 나은 미래에 대한 희망이 아니라 지금 여기서 모든 것을 깊고 사랑스럽게 포용하는 것으로 나아간다.

이 아름답고 신성한 선택은 언제든 자신의 손에 달려 있다.

지금쯤 감정을 회피하려고 만든 패턴과 습관이 몸에 강하게 뱄을 것이다. 수십 년간 1.5미터 길이의 땅바닥을 왕복하는 것 같은 습성에 깊이 빠져 있다. 이 습관 속에서 허우적대고, 습관이 기계적으로 나오고 자신을 통제하는 것 같다. 순수의식으로 살 가능성은 요원해 보인다.

여기가 완벽한 출발점이다! 언제라도 당장의 경험을 자각해보자.

- 무엇을 느끼고 있는가?
- 무슨 생각이 떠오르는가?
- 어떤 감각이 의식되는가?

그리고 이 모든 것은 다 무엇인가? 당신은 언제든 자각하며 관심을 여기에 두는 걸 발견할 수 있다. 이제 습관의 패턴이 풀리고, 다른 존재 방식이 있다는 걸 알기 시작한다. 그 방식은 의식이 살아 있고 생기가 넘치고 평온하다.

이것은 습관의 힘을 뺀다. 습관의 정체를 알면 – 사연과 갈등으로 보지 않고 – 습관의 장악력이 약화되기 시작한다. 고통으로 몰아넣는 힘이 줄어든다.

순간의 경험을 기꺼이 맞이하면 놀라운 깨달음이 드러난다. 내면에는 상처가 없고, 치유해야 될 내면의 아이가 없다. 실제로 거기서 일어나는 것은 사고 패턴, 감정, 감각이다. 상처받았다고 느끼더라도 당신은 – 무한히 열려 있고 무궁무진한 순수 존재로서 – 벌어진 어떤 일에도 전혀 영향받지 않았다. 그러니 고치거나 계발할 게 없다. 불행에서 벗어나는 길은 아주 간단하다. 대부분의 심리치료사나 자기계발서의 주장보다 훨씬 더 간단하다. 고통스러울 때마다 관심을 혼란스러운 사연과 들썩이는 감정에서 자신에게로 돌리자. 여기, 살아 있고 온전한 순수 자각이 있다.

되풀이되는 신세한탄과 감정이 당신의 심신에 속속들이 박혀 있다. 푸념의 영향력에서 벗어나고 육체에서 감정을 풀어내려면 꾸

준히 관심이 필요하다. 푸념에서 벗어나려는 의지가 강해지면 신체감각에 몰두할 수 있어 도움이 된다. 심리 상담을 고려할 수도 있지만, *치유법을 아는 유일한 사람은 푸념 속에서 찾아지지 않는다.* 늘 순수한 존재인 본모습으로 돌아가야 평온을 의식할 수 있다.

불행이 갈등과 문제에 어떻게 스며드는지 알아두자. 자신, 타인, 세상과 관련해 진실하고 변함없다고 믿는 모든 것을 의심하기 시작하자. 또렷한 시야를 가리는 것을 치우고 존재의 향기를 느끼자.

힘들이지 않는 존재

습관적인 사고, 감정, 행동 방식은 오래 지속된다. 이런 패턴의 추진력을 없애려면 시간이 걸린다. 의미와 중요도를 부여하지 않으려고 최대한 노력하면 이것들은 점차 영향력을 잃는다. 거기에 휘둘리지 않는 자신을 발견한다. 더 자주 본모습으로 돌아와 평온하게 살기 시작한다. 나처럼 어느 날 아침에 깨어서, 한동안 불안하지 않았음을 깨달을 것이다. 기적처럼 느껴진다.

하지만 여기 모순이 있고, 이것이 당신을 자유롭게 할 핵심 포인트다. 기분이 더 낫길 바라는 것은 자연스럽다. 하지만 결과 – 안도, 평온, 행동이나 생활환경의 특별한 변화 같은 – 에 집착하면, 그런 것들을 경험하거나 생기게 하는 사람이 있다고 믿게 된다. 지금 여기 없다고 생각되는 뭔가를 여전히 바라는 것이다.

자신에게 돌아가라고, 자신의 본모습을 기억하라고 조언하겠다. 자신이 한계가 있는, 독립된 존재가 아니라는 불변의 진리를 명심하기를. 당신은 의식이다 – 온전하고 배타적이지 않고, 만물에 생기를 주는 생명의 원천이다. 몸에 밴 습관에 대한 환상이 약해지고 본질을 자각하게 되면 그걸 발견한다. 이 변화는 자신을 개선하거나 망가졌다고 믿는 것을 고치는 일이 아니다. 대신 당신이란 존재는 개선될 필요가 없고 온전하지 않은 적이 없음을 깨닫는다.

지금과 다르게 되려고 궁리하지 말고 순간의 경험이라는 진실을 탐구하자. 개선하려고 애쓰지 말고, 미흡하다고 생각되는 나 자신의 본성을 발견하자. 행동보다 먼저 존재에 마음을 열자. 어떤 사물이나 고민보다 먼저 자신이 자각한다는 걸 아는 데 마음을 열자.

오랜 습관이 나오는 것을 막으려고 애쓰면, 버둥대던 존재가 무너지면서 힘들이지 않는 순수한 존재를 깨닫는다. 이제 어떤 삶의 환경에도 휘둘리지 않는, 자각하고 생동감 있는 존재로 남는다. 힘든 감정을 경험하지 않게 되는 것, 이것은 본모습을 깨우치면 얻는 즐거운 부작용이다 – 하지만 목적은 아니다.

저항 금지, 갈등 금지

완전한 진실은 – 자각하는 당신은 – 일어나는 무엇과도 충돌하지 않는다. 어떤 불편한 생각이나 감정이 나타날 순 있지만, 그것이 나타나는 자각은 평온을 유지한다는 뜻이다. 직접경험을 통해 이것을 깨달으면, 받아들인 문제가 스르르 없어진다. 괴로움과 갈등의 좁은 세계에서 살지 말자. 사물이 나타나는 자각을 언제든 무한히 수용하는 자신을 항상 만날 수 있으니.

이제 한 걸음 더 들어가자. 당신은 자각하고 자각 속에 사물이 생겨난다. 하지만 이것은 *여전히* 가장 심오한 진실이 아니다. 현실에서는 지금 벌어지는 일이 있다……. 그리고 지금…… 또 지금. 이것은 순수한 존재, 삶의 흐름이다.

그러면 사물은 어떻게 나타날까? 이렇게 말할 것이다. '당연히 사물이 있지. 나무, 건물, 거리가 보이잖아. 생각도 있고, 가끔 분노나 슬픔을 느끼지. 손으로 머리를 만질 수도 있어. 난 현실이야, 세상은 현실이라고.' 이 말을 하는 것은 마음이 꼬리표를 붙이고 분류하고 설명하게 만들어졌기 때문이다. 이러한 마음의 기능이 작동하기에 앞서 현실이 있다. 그 속에서 아무것도 분리되지 않은 온전한 경험이 순수하게 펼쳐진다. 마음이 경험에 붙이는 꼬리표는, 자각 속에 나타나고 변하고 사라지는 분리된 사물의 허상을 만든다. 이 사물을 실제로 믿으면 우리는 푸념과 분리의 세계로 접어든다 – 그리고 고통 속에 스스로를 밀어넣는다. 스위치를 눌러서 생각 *전부*를 끄는 상상을 해보자. 이제 사물이 있는가?

현실에는 개별적인 사물이 없기에 – 있는 것처럼 *보일* 뿐 – 무엇과도 충돌하지 않는다. 당신에게 어떤 생각, 인식, 신체감각이든 나타날 수 있지만 현실은 그런 일과 무관하다. 자신이 상상할 수 있는 최악의 공포는 무엇인가? 쇄도하는 슬픔? 죄책감, 굴욕, 질투, 실망, 절망? 현실은 어떤 것도 심판하거나 싸우거나 피하지 않는다.

언제라도 일어나는 일을 두 가지 시각에서 경험할 수 있다. 하나는 푸념, 감정, 사람들과 세상에 대한 편협한 개념의 시각에서. 다른 하나는 본질의 시각에서. 당신은 이미 푸념과 감정을 경험했다. 그것들은 자신을 분주하게 파악하고, 회피하고, 신파에 빠지고 괴롭게 만든다. 하지만 본질의 경험은 완전히 다르다. 현재 벌어지는 일의 순수한 핵심을 알고 그걸 경험한다.

자신을 괴롭히는 한 가지 상황을 떠올리자. 그것에 *대한*—실제의 그것이 아니라—어떤 생각도 빼버리면 푸념과 스스로 느낀다며 이름 붙인 감정이 없어진다. 그런 다음 신체감각과 '보다', '나'라는 꼬리표를 치운다. 무엇이 남는가? 따로 이름 붙이지 않은 사물의 순수한 경험만 남는다. 이것이 삶의 '존재함'이고 생각과는 무관하다. 이것은 순수한 생기다. 이제 어디에 문제가 있는가? 문제가 있다고 생각하는 사람은 어디 있는가?

모든 것을 본질로 경험하면, 어떤 것도 다른 것과 분리되거나 차별되지 않는다는 걸 안다. 순수한 경험만 있을 뿐이다—현실은 늘 그 자체를 경험한다는 뜻이다. 보고 듣고 인지하고 생각하는 모든 것—자신을 포함해—은 같은 본성을, 순수한 경험을 공유한다. 그렇다, 다른 무엇도 현실이 아니다. 본질을 통해 보이는 어떤 감정이나 쏟아지는 생각도 그저 경험할 뿐이다. 현실이 그것을 경험하는 것과 맞서는 게 어떻게 가능한가? 나무가 나무의 본질을 거부하는 것과 마찬가지다. 불가능하다. 현실은 그저 있을 뿐이다.

당신의 본모습은 늘 평온하고 그 무엇과도 맞서지 않는다. 삶의 자연스러운 상태다. 하지만 마음이 평가, 비판, 당위, 추측으로 돌아가자마자 괴로움에 빠진다. 방금 당신은 서러운 이야기, 일어나야 될 일 혹은 그러면 안 될 일, 대면하기 싫은 아픈 감정, 충족되지 않은 욕구, 자격지심 – 이런 괴로움을 경험하는 분리된 인간 – 을 만들어냈다. 이것은 너무도 익숙한 걱정, 갈등, 마찰의 세계다. 내적 평온에 대해 들어보았는가? 이건 내적 전쟁이다. 자기 경험과의 싸움은 결코 행복한 존재 방식이 아니다.

하지만 여기 희소식이 있다. 불행에서 해방될 수 있고, 아무 변화도 필요하지 않다. 생각을 바꾸거나, 감정을 처리하거나, 느긋해지는 것을 배우거나, 더 나은 사람이 될 필요가 없다. 그저 상황을 직시하면 된다. 불행을 일으키는 본질을 명확하게 보면, 본질 안에는 갈등, 저항, 분리가 없음을 깨닫는다. 이제 상상도 못한 평온을 안다. 괴로움을 일으키는 모든 경험을 조명하면, 늘 본모습을, 존재를 발견한다.

순수한 경험을 하면서 살면 행복하고 적어도 평온하다. 무엇에도 저항하지 않으니까. 사랑이 넘친다. 어디를 보든 자신이 보이기에.

시간은 허상이다

이제 시간을 살펴보자. 불행에 대한 탐구는 영락없이 과거, 현재, 미래와 관계가 있으니까.

완전한 현실의 눈으로 보면 개별적인 게 없다 – 감정도, 사연도, (당신을 포함해) 사람들도, 생각도 따로따로가 아니다. 다만 경험, 그리고 존재만 있다. 그리고 이것들 중에 그 어떤 것도 구체적인 어느 시점에 생겨나는 것은 아니다. 시간이라는 것 또한 단지 마음이 만들어낸 개념에 불과하기 때문이다. 상세히 살펴보면 과거나 미래라는 실제적인 것이 없음을 알 것이다. 과거에 대한 생각들을 가지고 있는가? 그 생각들은 지금 일어나고 있다. 미래를 걱정하는가? 그 걱정도 지금 일어나고 있다. 감정, 생각, 자각은 하나같이 지금 일어난다. 그리고 '지금'은 시간의 파편이 아니다. 그것은 시간이나 공간에 담기지 않는 순수한 존재의 무한한 '있음'이다.

현실은 시간에 매이지 않는다. 자각의 관점에서 보면 우리는 여태까지 일어났던 모든 일을 시간에서 자유로운 '지금' 경험한다. 아무것도 형태를 취할 시간이 없다는 사실을 깨닫는 것은 기적이다! 마음이 이름 붙이고 묘사하고 심판하지 않으면 – 뭐든 하거나 느끼거나 경험하는 분리된 자아가 없으면 – '지금 당장 이렇게'만 있을 따름이다. 그것을 한 단어로 표현할 수도 없다, 이름표를 붙이는 것은 마음의 또 다른 역할이니까. 지금 시간은? 언제나 '지금'이다. 시간이 없는 곳에 무엇이 존재할까? 자체를 경험하는 현실만 있다.

어떻게 내면에서 불행이 일어나는지 알아볼 때 시간을 가볍게 붙잡을 수 있는지 살펴보자. 과거에 일어난 일, 들은 말, 한 일, 받은 영향에 대해 강한 현실감을 경험할 것이다. 또 희망, 두려움, 혹은 걱정을 안고 미래에 대해 생각하고 있음을 알게 될 것이다.

이 시간 개념이 허상임을 계속 상기하면서, 최선을 다해 '자각하는 나'라는 단순한 사실로 돌아가자. 이 확고한 사실을 명심하기를. 다시 생각하거나 그것에 대한 느낌을 바꾸어도 당신은 과거지사를 해결할 수 없다. 여전히 자신을 버둥대고 두려움을 회피하는 한계가 있는 인간으로 느끼니까. 자신이 아무런 영향도 받지 않았다고 인식할 때 비로소 진정한 해방이 온다. 당신은 무한하고 자유롭고, 방해 없이 어디로나 흘러넘친다.

⁂

자신에게 돌아가는, 길이 없는 길을 갈 채비가 되었는가? 이미 당신 안에 살아 있는 진실을 인지할 채비가 단단히 되었는가? 어느 순간이든 관심을 사물에서 자신에게 돌리자. 무한한…… 평온한…… 여기로.

1. 정신적·감정적 습관에서 해방될 가능성을 살펴본다. 원하는 만큼 눈을 감고 뇌의 경직된 부위에 공간이 들어오게 한다. 정신이 하늘처럼 활짝 열리게 한다.

   습관 때문에 몸이 경직되기도 한다. 다시 눈을 감고 이 경직이 풀리는 상상을 한다. 몸을 유동적이고 널찍하고 자유롭게 느낄 수 있는지 본다.

   이런 탐구를 할 때 실제로 어떤 일이 벌어지는지는 중요하지 않다. 그저 자신에게 그런 상황을 만들어주면 된다.

2. 고통에 직면했을 때 사랑과 친절을 베푸는 능력이 연민이다. 자신이 빠진 패턴을 자각할 때 연민은 중요한 요소다.

   타인에게 친절을 베푸는 생각을 해보고 어떻게 자신에게 친절할 수 있을지 고심해보자. 친절을 베푸는 것은, 다정한 태도로 다가가 사랑을 담아 세심하게 대한다는 뜻이다. 곤란에 빠진 아이에게 '아프겠네…… 다 괜찮아'라고 위로하지 않는가? 친절은 단죄와 거부의 반대 개념이다.

   자신이 겪는 고통스러운 패턴을 의식할 때 자신에게 친절을 베풀 수 있을까?

3. 경험에 과거나 미래의 흔적이 있는지 살펴본다. 찾은 것이 과거나 미래에 대한 생각이라는 점에 유의한다. 자신이 늘 현재에 존재한다는 걸 깨닫자. 생각이 과거나 미래가 있다고 믿게 만들 뿐이다. 하루를 살면서 이 점을 실험해보기를.

3
당연시하는 습관에서
새로운 가능성으로

　이제 몸에 밴 버릇과 그것이 자신과 주변 사람들에게 미치는 영향이 이해되기 시작할 것이다. 이 패턴은 주로 무의식중에 일어나는 경험으로 구성된다. 중독되면 의식하지 못하고 담배를 집거나 술을 더 주문한다. 습성이 된 이런 패턴은 심신에 깊이 자리잡아 자동적으로 나타난다.

　하지만 언제든 획기적인 일을 할 수 있고 그것이 모든 걸 바꾼다. 당신은 이런 습관을 끌어내는 생각과 감정을 의식할 수 있다. 언제라도 멈추고 현재 경험 안에서 벌어지는 일을 주시하고 관심을 순수의식으로 돌릴 수 있다.

　이런 습관을 불러내어 현실로 옮기는 것은 본인의 선택 여부에 달렸다는 사실을 곧 깨닫는다.

습성이 된 현실

확실히 습관의 힘은 매우 강력하다. 습관에 빠지면 거기 휘말려 여기저기 밀려다니고, 자신과 삶에 대한 통제력을 잃은 기분을 느낀다. 스트레스가 심하고 낙심한다.

어느 시점에서 지친다. 습관적이고 익숙한 현실에 의문이 생기기 시작한다. 그러면서 이 습관의 바탕에 깔린 두려움을 본다. 자격지심이 세상에서 얼마나 표현을 제한하게 했는지 안다. 뭔가 틀리거나 빠졌거나 부족하다고 느끼면서 산다는 걸 자각한다. 또 다른 길에 마음이 열린다.

이제 드디어 오래 매달렸던 패턴을 놓을 채비가 되었다. 습성이라는 수렁에 빠지면 자기도 모르게 두려움, 한계, 불만에 사로잡힌다. 하지만 이 패턴에 빠지는 움직임을 중단하고, 대신 이 순간 실제로 벌어지는 일을 살피면 경험과의 갈등이 끝난다. 이것이 평온과 행복에 이르는 길이다.

미지 속으로 들어가다

의식 안에서 이 변화는 자신을 안전지대 밖으로 밀어낸다. 수십 년간 자신을 규정한 사고방식을 버리라고, '현실'이 되어버린 습관의 길로 들어서지 말라고 요구한다. 모든 장벽과 방어벽이 – 한계있는 인간이라는 스스로의 정의도 – 무너지도록 마음을 활짝 열라고 요구한다.

당신은 미지의 세계로 들어가고, 이것이 도전으로 다가올 것이다. 익숙한 존재 방식에서 벗어난 당신은 누구인가? 어떻게 기능할까? 미지의 땅에서 어떻게 살까? 어떤 일이 벌어질까? 안전할까?

빛나는 발견 직전에 이런 의문들이 떠오른다 – 계속 이 패턴으로 살면 바라는 행복을 얻지 못할 것임을 간파한 마음은 문을 열기 시작한다.

변화의 역설

모든 것을 질문하기, 방어막을 내려놓기…… 마치 엄청난 일과 변화가 요구되는 것 같다. 하지만 여기 역설이 있다. 아무것도 변하거나 없애지 않아도 된다. 방어막, 신념, 두려움은 틀린 존재 방식이나 고쳐야 되는 착오가 아니다. 단순히 간과했던 것들로 관심을 돌려서, 늘 자각하고 있었다는 걸 알면 된다. 자신을 한계 있는 독립적인 자아로 보는 개념에 매달려왔다. 그걸 떼어내면 의식이 – 명확하고 툭 트인, 평온한 – 나타나 자각 안에서 형태를 이룬다. 더 면밀하게 보면, 거기 있는 모든 것이 이제 자각하며 존재하는 걸 알게 된다. 이 '자각하며 존재하기'는 어디에 자리를 잡는 것도, 어떤 크기나 형태가 있는 것도 아니다. 그것은 단순하고 심오하게, 모든 것을 포용하며, 자유롭게 의식한다.

또 다른 역설. '당신'이 습관적인 패턴의 생각, 감정, 행동을 바꾸는 게 아니다. 변화를 유지하기는 무척 힘들고, 아무튼 제대로 되지 않게 마련이다. 하지만 매일 경험하는 현실은 변하기도 한다. 어떻게 두려움에 떠밀려 행동하는지 알면, 본모습을 알아내겠다고 선택할 수 있다. 심판과 추측이 분리를 야기했다는 걸 마음으로 느끼고 '이제는 안 그래'라고 말하면 사랑이 넘친다. 자신을 푸대접했다는 사실을 인정하면 새로운 선택지가 나타나기 시작한다.

이런 변화는 시간이 흐르면서 일어날 것 같지만 실제로는 시간에서 자유로운 '지금' 일어난다. 진실이 아닌 것을 믿도록 자신을 기만했던 방식에 눈을 뜨자. 잘못된 믿음이 고통을 부채질했음을 깨닫자. 구름 뒤에서 빛이 선명히 보이기 시작하고 당신은 자연스레 유연해진다. 당연시해오던 일상 경험 - 스트레스, 무의식적인 감정적 반응 - 이 새롭게 보인다. 행복과 기쁨의 자리가 더 넓어진다.

완전한 본질의 관점에서 보면 늘 모든 게 삶 전체와 완벽한 조화를 이루며 펼쳐진다. 그런데 평온하지 않고 본모습을 찾으려는 신성한 탐구에 관심이 있다면, 어떻게 자동적인 습성이 행복을 빼앗는지 알아야 한다.

몸에 밴 성향의 힘을 과소평가해선 안 된다. 그것이 어떻게 작동하는지 알기 전에는, 바람직하지 않은 감정과 반응에 얽매인다. 벌어지는 상황을 왜곡하는 미묘한 신념과 기대감과 몸의 긴장감이 아쉽다. 이 심드렁하거나 어정쩡한 탐구에 습관이 계속 끼어들 여지가 남는다. 순간의 경험에 몰두하지 않으면 자신이 분리되어 진퇴양난인 느낌에 빠진다. 하지만 진실을 알려는 뜨거운 욕구를 가지면, 이런 습관이 명확히 드러나고 시간이 지나면서 당신을 옭아맨 힘이 줄어든다.

진실을 알려는 욕구를 가진다는 건 무슨 뜻일까? 우리는 어떤 모습이어야 될까? 이 탐구에 필요한 요소는 뭘까? 이 장에서 그 부분을 다루어보자.

습관을 속속들이 탐구하려면 단호하고 예민하고 집요하면서 사랑이 많아야 한다. 이 여정의 걸음걸음마다 마음은 당신을 한눈팔게 하려고 애쓸 것이다. 그러니 진실을 알고 싶으면 강하게 버텨야 한다 ─ 무심결의 습관보다 강력한 진실에 기반할 수 있음을 깨달을 때까지.

필수 요소는 이미 여기 자신 안에 있다. 그것들을 자주 발견하고 돌아가야 한다. 그러면 혼란의 안개가 걷히고 자신을 온전하고 끝없이, 기쁘고 충만하게 찾을 길이 드러난다.

열어야 드러난다

고통을 일으키는 경험을 반복하는 것이 도움이 되지 않는다는 사실을 알려면 자신을 여는 게 가장 중요하다. 열려 있으면 모든 일이 새롭고 놀라운 방식으로 보인다. 열어둠은 무엇 ─ 어떤 기억, 생각, 감정적으로 반응하는 성향 ─ 도 당연시하지 말라고 조언한다. 모든 게 강력한 탐구의 밑바탕이다 ─ 또 당신이 무엇을 발견할지 알 수가 없다. 이렇게 열어두면 자신이 어떤 사람이 아닌지 명확해진다. 익숙한 갑옷의 틈새로 이렇게 본모습이 드러나기 시작한다.

당신은 이미 무한한 경험이 진행되는 것을 자각하지 못할지도 모른다. 여기서 늘 벌어지는데도! 경험 속의 무언가는 습관에서 벗어나 무한히 평온하다. 당신이 그걸 자각하지 못할 뿐이다. 아직 의식하지 못한 것을 발견할 수 있다고 믿고 나아가기를.

당신 안의 무언가는 지금 읽는 이 글의 진실을 인지한다. 그것이 원하는 바를 마음 깊숙한 곳에서는 안다. 다만 그것이 펼쳐지는 현실에 아직 스며들지 않았을 뿐이다.

열면 문턱을 넘게 된다. 당신은 다음과 같은 사항에 열려 있는가?

- 무슨 일이 일어날지 모른다는 것.
- 정신이나 감정을 여과하지 않고 사는 것.
- 몸의 긴장을 이완시킬 공간을 만드는 것.
- 관계와 삶의 환경에 변화를 허용하되 억지로 하지 않는 것.
- 상황을 신선하고 낯설고, 놀랍고 새롭게 느끼는 것.

당신이 기본적으로 순수하다는 점은 부인할 수 없다. 당신과 당신의 세계는 매 순간 새롭게 태어난다. 무슨 일이 일어날지, 상황이 어떻게 펼쳐질지 알 수 없다. 그러나 당신이 제한적인 독립된 존재가 아닌 것은 분명하다. 거부하지 않는 내면에 자리를 마련할 수 있다. 여기서 쉬고 다 괜찮다는 걸 알 수 있다.

내면을 탐구하다 보면 자신이 생각처럼 열려 있지 않음을 깨닫기도 한다. 지향하는 신념이나 행동을 새삼스레 의심하는 것은 거북하다. 그걸 피하려고 계속 분주하게 굴거나 '옳다'고 변명하는 데 매달리기도 한다. 과거의 분노를 끌어안은 채, 받지 못할 사과를 받아야만 해결된다고 믿기도 한다.

꼭 열려 있어야 된다는 법은 없다. 자신을 열라는 것은 조언일 뿐 요구사항이 아니다. 사실 놓아버리지 못하는 영역에는 알아볼 사항이 많다. 어떤 경험을 그렇게 기필코 고수하는가? 거부하는 순간에 어떤 일이 생기는가? 아무것도 바꾸지 않고 – 방어하거나 거부하지 않고 – 그것을 자각할 수 있는가?

여기 모순이 있다. 닫힌 경험을 여는 것이다. 내면에 갈등을 그대로 방치하면 어떤 일이 생기는가? 편하다. 갈등은 갈등하게 내버려두고, 갈등을 *자각하는 데 관심을 쏟기를*.

진정으로 열리면, 당신이 진실이라고 *생각한* 모든 것이 위태로워진다. 그러면서 답이 아닌 질문 속에서 산다. 당신은 미지에 열려 있고, 그로 인해 자각하는 존재에 생명력이 넘치게 된다.

'왜'라는 질문

인간인 우리는 태어나면서부터 자연스럽게 호기심을 갖는다 – 자신과 세상을 알고 이해하고 납득하려고 애쓴다. 제 발가락에 집중하는 아기를 보거나 계속 '왜'냐고 묻는 아이와 시간을 보낸 적이 있는가? 호기심은 알고 싶은 마음이다. 호기심이 있으면 사물을 액면 그대로 받아들이지 않는다. 대신 충분히 안다는 만족감이 들 때까지 질문 공세를 한다.

호기심은 흔들림 없는 행복을 찾는 탐구에서 큰 역할을 한다. 자신의 현실이었던 사고 – 감정 – 행동 패턴을 해체하게 한다. 평온이 가능하다는 걸 알면, 현재 경험의 핵심으로 파고든다. 시간이 흐르고 패턴이 힘을 잃기 시작하면, 그것들이 본모습을 규정하지 않는 다는 사실이 드러난다. 놀랍고 자유로운 발견이다!

호기심은 행복에 초점을 맞출 때 근사해진다. 삶의 상황을 바라 보면 자신이 어떤 호기심을 가졌는지 안다. 삶에서 펼쳐지는 신파 에 관심이 있는가? 죄책감이 깔린 즐거움에 젖어 그 신파에 대해 생각하는가? 그렇다면 당신의 삶이 뒤엉켰다고 느낄 만하다. 자격 지심과 아쉬운 감정들 속에서 성취를 바라는가? 그렇다면 당신은 만족한 성취에 이르지 못할 것이다.

관심을 이 순간의 자각에 두는가? 그렇다면 느긋하고 기쁠 것이다.

궁극적으로 내적인 삶과 외부 세계는 따로따로가 아니다. 스트레스 와 불행한 생각에 집중하면 생활환경과 관계에서 스트레스와 불행 을 경험한다. 하지만 늘 평온을 갈망하고, 순간의 경험이라는 진실 쪽으로 호기심을 돌리면, 어디서나 반영되는 평온과 행복을 볼 것 이다.

호기심은 왜 사물이 그런 상태인지 파악한다는 의미가 있다. 다 음 중 익숙한 문장이 있는가?

- 왜 나한테 이런 일이 생겼을까?
- 왜 내가 그 일을 했을까?
- 왜 이렇게 하지 않았을까?
- 왜 그녀가 나한테 그 말을 했을까?

어떤 이들은 이해하기 위해 '왜'라는 질문에서 헤어나지 못한다.

마음이 질문 공세에 쉽사리 휩쓸려 끝없이 곱씹는다. 답을 찾으려고 애쓰지만, 불만스럽고 혼란한 사고의 수렁에 더 빠져든다. '왜 나한테 이런 일이 생겼을까?'를 살펴보자. 이런 답이 나올 것이다. 다른 사람이 하면 안 될 일을 해서, 내가 패배자여서, 내가 엉뚱한 시간에 엉뚱한 곳에 있었기 때문에, 내가 어려서 충분히 사랑받지 못했기 때문에. 이런 성에 차지 않는 대답은 더 불만스럽고 혼란스런 질문만 낳는다.

하지만 여기서 호기심을 현재의 경험에 직접적으로 돌리라고 조언하고 싶다. '왜'라고 묻는 – 그래봤자 관심이 생각의 덫에 갇히기만 한다 – 대신 지금 여기 있는 것에 마음을 여는 질문을 던져보자.

- 실제로 나는 무엇을 경험하고 있는가?
- 나는 불행을 키우는 무엇에 관심을 쏟고 있는가?
- 생각, 감정, 신체감각이 존재해도 나는 자각하는가?
- 떠오르는 생각과 감정에서 벗어나 자각에 머물면 어떤 일이 생기는가?
- '자각하는 것'은 어떠할까? 한정적일까, 아니면 무한할까?

이런 질문은 모르는 곳에서 나오는 것들을 실험하게 한다. 경이로운 문을 끝없이 열어준다. 그렇게 방향을 잡은 호기심은 사고 활동을 부추기지 않고, 생각에서 벗어나 실제 경험을 탐구하게 돕는다. 그러면 한층 더 깊은 탐구의 기회가 자연스레 생긴다.

- '왜'라는 질문 공세를 중단하면 내 관심은 어디로 가는가?
- 익숙한 사물에 개입하지 않고 자각을 유지하면, 어떤 생각이나 느낌이 드는가? 인간관계에 어떤 일이 생기는가? 다음에 뭘 할지 어떻게 아는가?

이런 질문은 당신을 인습적인 호기심 너머로 이끈다. 완전한 경험에 무한히 열려 있으라고 조언한다. 자신에 대한 개념마저 의심할 만큼 활짝 열라고. 여기가 행복을 찾으려고 애쓰는 데서 벗어나 실제로 행복을 아는 지점이다. 당신은 스스로 생각하던 그 사람인가? 이 순간의 경험에서 시작하는 정곡을 찌르는 질문은, 당신이 매달린 생각과 감정을 무너뜨리고 결국 항복만 남는다.

자신에 대한 호기심은 새로운 이야기가 아니다. '너 자신을 알라'는 2,400년 전에 세워진 그리스 신전의 폐허에 새겨진 문구다. 한데 어떻게 해야 자신을 알 수 있을까?

모른다. 아이 같은 호기심에서 시작해 위에서 말한 것 같은 현실 ─ 바로 여기서 지금 ─ 을 발견하는 데 도움이 될 질문을 던지자. 정신으로 아무것도 모르면, 사방에서 빛나는 생명의 존재인 당신을 알게 될 것이다.

내려놓고 받아들인다

수용적이 되면 기분 좋은 느긋함이 생긴다. '내가 알지'라는 태도를 버리게 된다. 모든 것을 통제하려고 기운을 뺄 필요가 없다. 벌어지는 일에 관여하려는 노력을 중단하고, 주어진 것을 받아들이게 된다. 성격과 정체성으로 집착하던 것을 내려놓는다. 스스로 생각하는 모습이나 해야 될 일에서 벗어나 본모습을 드러낸다.

방어막을 치지 않으면 순수하게 수용해서 내면의 안내에 귀를 기울이려 한다. 또 수용하는 동안에도 나타나는 익숙한 습관과 성향을 끈질기다고 느낀다. 마음으로, 몸의 모든 세포로, 신뢰하는 가장 깊은 내면으로 경청하는 것과 비슷하다.

모든 것 – 자신을 세상과 분리된 사람으로 규정하는 모든 것 – 을 내려놓으려 할 때 수용하게 된다. 반복적인 사고 패턴, 습관적인 고민, 욕망, 두려움과 투사, 자기로 받아들인 육체와 정신을 비롯해 믿는 것들이 다 없어질 수 있다. 그리고 거기 순수하고 흠 없고 활기찬 당신이 있다!

수용적이 되기 위해 어떻게 내려놓으면 될까? 몰아치는 두려움의 영향력을 느껴보자 – 얼마나 혼란과 선택의 제한을 가져오는지를. 당신은 좌절감과 절망감을 개선할 수 없고, 어떻게 해야 될지 모르겠다는 걸 인정하자. 뭐가 어떻게 될지 모르지만 '이제 그만!'이라고 말하자. 이 교차로에서 진실을 말하고 가리개를 벗겨 자신과 대면하고, 그러면서 새로운 가능성이 열린다.

내 경우, 내가 신이 임재해 고통을 없애주는 기적을 바란다고 깨달은 순간이 전환점이었다. 난 굶주린 아기 새가 목을 빼고 벌레를 기다리듯, 신이 해탈의 깨달음을 떠먹여주길 기다렸다. 내 경험 속의 진실을 알려면 본질을 살펴야 된다는 걸 몰랐다.

수용에 불이 붙은 순간 사방이 환해졌다. 무수히 들어본 말이지만 이제 다른 방식으로 들었다. 미묘한 흥분이나 두려움도 부지런히 알아차렸고, 전과 달리 그 불편함을 회피하지 않았다. 몇 달간 긴 시간 소파에 앉아 몸이 경험하는 것을 느끼고, 머리에서 들썩이는 푸념을 무시하면서 자각했다.

오래 외면했던 응축된 에너지가 움직일 공간이 생겼다. 결국 오랜 습관의 장악력이 약해지기 시작했다. 정신과 감정에 떠밀리는 성향을 고수하지 않으니, 여기 있는 것을 탐구할 공간이 생겼다. 몸이 놀랍게 이완되었고, 순수한 존재 – 내내도록 거기 있었던 평온의 토대 – 를 깨닫는 순간이 생겼다. '나'라고 생각했던 것이 이제 어디에도 맞지 않았다.

자극받을 때마다 그 상황에서 가만히 존재할 기회로 삼았다. 벌어지는 일을 두려움 없이 친밀하게 수용하는 것은 그때나 지금이나 즐겁다.

자신을 수용하게 만들 수는 없다. 생에 대해 아는 것이 자연스럽게 존재에 스며야 비로소 애쓰지 않고 수용적이 된다. 그렇게 만들 수는 없지만 그런 준비를 할 방법이 여기 있다.

- 불행에 대한 사실을 밝히고 다른 존재 방식을 향해 자신을 열자.

- 세상에서 해결책을 구하는 걸 중지하고, 어떤 순간이든 자신의 경험에 관심을 갖자.
- 자유를 깨닫는 데 필요한 것들은 다 삶이 계속 준다는 사실을 자각하자.

수용하는 데만 집중하면 된다. 얼마나 경험을 수용하는 걸 차단하는가? 상황을 있는 그대로 수용하고 용납하는 기분은 어떠할까? 몸, 정신, 마음 안의 공간을 상상해보자 – 경계가 없는 몸, 하늘처럼 열린 정신, 평온이 넘쳐흐르는 마음.

수용하면, 순수 존재로 빛나는 자신을 만날 것이다.

무엇에 전념할 것인가

살펴본 것처럼 몸에 밴 성향은 강력하다. 강박행동 – 중독증, 일중독, 분노조절장애, 피플 플리저(남에게 거절하지 못하는 사람 – 옮긴이) – 에 빠진 사람이라면 잘 안다. 습관에 사로잡히면, 오랜 세월 무의식적으로 이런 성향을 반복한다. 자칭 '삶'이라는 감각과 사고 패턴이 짝지어 무심결에 하는 행동 안에 단단히 박혀 있다. 이것들은 워낙 익숙하고 생생해서 탐구가 *거의* 가로막힐 정도다.

하지만 지속적인 평온을 추구하는 경우, 내적 갈등과 혼란을 경험하면 의심하기 시작한다. 지금 여기라는 본질이 무엇도 거부할 리 없다면서, 왜 여전히 세상은 당신을 거부하고 뭔가 어긋난 기분일까? 당신은 순리를 음미하지만, 당신의 일상은 권태, 낙심, 불만 자체다.

여기 역설의 이유가 있다. 습관화는 반복해서 자신을 얽매는 성질이 있다. 수십 년간 지속된 패턴은 각각 마음을 가진 것 같다. 자신이 안 그러려고 최선을 다해도 그것들이 계속 절망에 빠뜨린다. 당신은 자극받지 않으려고 필사적으로 버틴다. 하지만 다시 과거의 익숙하고 편한 수렁에 빠진다. 몇 달이나, 심지어 몇 년간 본성을 봤는데도 여전히 불행을 자초하는 갈등에 휘말린다.

전념은 바닥에서 올라오게 도와주는 요소다. 전념하면 몰입하고, 자신을 바쳐서 힘들어도 그 길을 고수한다. 당신은 왜 전념하는가?

아무도 어떤 패턴이나 행동을 바꾸라고 요구하지 않는다. 평온은 당신에게 다르게 느끼라고, 마음에서 괴로운 생각을 지우라고, 자존심을 죽이라고 요구하지 않는다. 사실 아무것도 없애거나 바꿀 필요가 없다. 더 나은 사람이 되거나 자존감을 높이려는 노력을 그만두라는 게 내 조언이다.

딱 한 가지, 자각하기에 전념하자. 본질은 자각하는 것이고, 이것은 늘 있어왔다. 당신은 스스로 믿는 것처럼 독립적인, 분리된 존재가 아니다. 당신은 끝없이 어디나 있는 자각 자체다.

독립적인 존재 – 육체, 정신, 개성, 성별을 가진 – 가 되고 싶은 유혹은 워낙 강하다! 하지만 전념은 자각이 본모습임을 알라고 거듭 조언한다. 아픈 감정? 그것을 자각하면, 생각과 신체감각이 나타난다. 그것들을 바꿀 필요가 없다 – 그냥 그대로 맞이하면 된다. 머릿속에서 되풀이되는 독백? 그것을 자각하면, 곧 그런 생각에 말려들지 않게 된다.

경험의 핵심을 계속 정확하게 인식하면, 결국 삶이란 경험이 펼쳐지는 것임을 안다. 그 안에 별개의 '당신'은 없다. 그 깨달음 안에서 완전한 평온을 발견할 것이다.

자신을 깨우칠 수 없다. 독립된 자아가 없기 때문이다. 아무도 무엇을 깨우쳐주지 않는다. 하지만 생각에서 비롯되는 자아의 구조를 깰 준비를 해서, 전념의 불꽃을 돋울 수는 있다.

사물의 세계에서 헤매지 말고 관심을 내적 경험으로 돌리는 데 전념하자. 머릿속에서 되풀이되는 푸념이 도움이 되지 않는다는 사실을 되새기자. 고통의 양상을 파악하고, 고통이 멈추는 순간에 어떤 변화가 있었는지 파악하자. 어디서 생각이 줄어들면서 정신이 열리고 유연해지는지 인식하자. 몸 안에 생긴 분리감, 고군분투, 자격지심을 느껴보고, 그것이 본래의 활기에 영향을 미치지 않게 조심하자.

행위가 사라지고 느긋한 존재가 드러날 때까지 필요한 만큼 반복한다.

초점을 맞추지 않아도 될 때까지 탐구에 초점을 맞춘다. 탐구할 거리가 없어질 때까지 조사한다. 본질적인 한 가지에 주목한다 - 그것은 손에 잡히는 게 아니다. 무한한 현재에서 태어난 그대로의 삶을 사는 일이다.

그래, 지금 이대로도 괜찮아

자동화된 습관과 그것이 미치는 영향을 파악할 때 자기 연민이 중요하다. 연민은 사랑의 일면이다. 자신에게 연민을 보일 때, 연민이 만드는 모든 것을 친절하고 다정하고 온유하게 대하게 된다. 순리에 따르게 되고, 자연스럽게 포용하고 동정한다.

진정으로 전념한다면 허위를 내려놓고 진짜를 알려고 온갖 노력을 기울일 것이다. 경험을 억제하고 외면하게 하는 방어막을 맞아들이면, 심신의 그늘에 숨은 모든 게 순순히 드러난다. 여기가 연민이 도움이 되는 지점이다.

두려움, 수치심, 슬픔, 분노, 신념, 오만, 강박을 경험하게 된다. 이 아픈 감정에 자신을 열고, 두려움과 습관 때문에 잘못 선택한 과거를 고백하자. 완전한 본질의 견지에서 보면 이 경험은 평가받거나 거부당한 적이 없다. 하지만 이 경험을 거부하지 않고 맞이하기가 어려울 수 있다. 연민이 그 길을 수월하게 해줄 것이다.

자신을 향한 연민이란 무엇일까? 한번 알아보자.

아픈 아이를 대하듯 자신에게 친절을 베푸는 것이다. 생각이나 감정을 평가하지 말고 이렇게 말하라. '그래, 이게 여기 있어. 이게 여기 있게 두면 돼.' 자신을 멸시하거나 야멸차게 대하지 말고 온유하게 대하자. 힘든 감정과 마음속 감각을 그대로 있게 놔두자.

자각하는 것만으로도 이미 연민이다. 자각은 아무 내용도 없고 경험을 회피하지 않으며 다른 것을 편애하지 않는다. 공기나 공간과 비슷하다. 갈등이나 방어 없이 그저 있을 뿐이다. 자신의 경험과 싸우는 것을 멈추게 하기에 자각은 무한히 친절하다. 당신의 본모습은 무한히 친절하다.

오랫동안 경험하기를 거부했으면, 처음에는 자신을 향한 연민이 어색하다. 「오즈의 마법사」속 녹슨 양철인간처럼 익숙해질 때까지 삐걱대고 신음할 것이다. 특히 당신에게 큰 변화라면. 하지만 여기 자기 연민에는 숨겨진 보석이 있다. 첫째 당신은 경험에 활짝 문을 열 용기가 있다. 그러면 자신과 경험 사이의 벽을 점검하고 거기 벽이 없음을 발견한다! 아무 경계 없이 순수하게 열려 있다. 모든 게 평온한 통합된 삶 속으로 들어섰다. 이것이 여기 있고 어디에나 있는 당신이다!

모든 스트레스와 갈등의 근원에 있는 연민을 발견하자. 이것이 당신의 본모습이다. 어찌 아닐 수 있을까?

자각하게 되는 감정에 이 연민을 이입하자. 거부 – 자기비판적인 생각, 판단, 방어, 두려움 – 가 느껴지면, 습관으로 생긴 정체성과 충돌한다는 의미다. 이것이 평가하고, 죄책감을 느끼고, 자격지심을 갖게 하는 정체성이다.

바로 지금이 자신을 연민으로 활짝 열 순간이다. 숨어 있는 모든 것을 그늘 밖으로 나오게 하자.

연민은 결여되고 조각난 자아를 자각이라는 수용하는 마음으로 통합시킨다. 이제 이런 경험을 피하느라 기운을 뺄 필요가 없다. 마침내 경험을 그대로 있게 하고, 전부 포용하되 방어하지 않고, 자유로운 광활한 공간이 자신의 본모습임을 깨닫는다.

'나'는 세상의 중심이 아니다

진정한 행복을 조사하는 핵심에 겸허가 있다. 지금껏 찾은 것이 본모습임을 깨닫지 못하게 막는 원흉은 자신이 독립된 개인이라는 관념이다. 이 정체성의 촉수들이 당신이 진실이라고 믿는 모든 것에 뻗어 있다. 겸허는 진실을 보게 도와준다.

세상에 자신을 독립된 존재로 보고, 타인과 계속 충돌하게 마련이라고 믿는 이들이 넘쳐난다. 각자 '나'라는 강한 개념을 갖는다. '내가 누군지 알아, 내가 원하는 걸 알아, 나 자신을 어떻게 느끼는지 알아, 내가 어떤 자격이 있거나 없는지 알아, 난 상황이 어떻게 되어야 하는지 알아.'

이것이 소위 세상살이의 특성이고, 평온하지 않고 스트레스가 심하다. 일상생활의 표면에 온통 나, 나, 나만 보인다. 사실 개인의 갈등과 세상의 갈등 모두 중심에 독립된 자아라는 믿음이 있다. 이것이 삶을 복잡하게 느끼게 만들고, 정신적인 성향을 강박적인 행동 속에 숨기거나 사실을 알고자 끝없는 생각에 빠지게 만든다.

겸허는 문제를 대단히 단순하게 만든다. 겸허하면 자신이 중요하다는 개념이 없어진다. 이제 '나'라는 개념(거기 달라붙은 모든 것도)이 세상의 중심이 아니다. 안다고 생각한 것을 놓아버리고 모른다는 걸 깨닫는다. 필요하다고 생각한 것을 포기하고 삶의 선물을 고맙게 받는다. 통제하려는―상황이 당신이 옳다고 생각하는 방식으로 돌아가도록―욕구를 포기해서 있는 그대로가 되게 한다.

겸허의 바다에 발을 담그면, 익숙하고 확고한 것들의 닻이 걷힌다. 이제 추측과 예상에 의존하지 않으니 무슨 일이 생길지 걱정될 것이다. 아니면 마침내 통제 불가한 것들을 통제하려는 노력을 멈출 수 있어서 큰 안도감이 들거나.

제한적이고 분리된, 독립적인 '나'란 관념을 고수하면 기운이 빠진다. 사연을 안고 살고, 개인적인 욕구를 처리하고 자격지심을 감당하느라 품이 많이 든다. 멈추기 전에는 이런 수고를 깨닫지 못한다. 적극적인 활동에 돌입하면 기운이 나는 것도 그 때문이다. 일에 몸을 던진다는 표현도 있지 않은가. 그렇다! 독립적인 자아라는 허상을 내던지면 놀랄 만치 안심되고 느긋해진다.

겸허는 자신을 비우라고 조언한다. 자신을 분리된 개인으로 만드는 모든 것 – 사연, 인생 경험, 욕망, 목표 등 – 을 비워내자. 아무것도 남지 않을 거란 생각이 들더라도 그렇게 하자. 자신이란 개념을 만드는 대상을 다 버려도 여전히 자신이 존재하는 걸 알게 될 테니. 당신은 개별적인 존재로 어디 있는 게 아니라 무한히 활기차고 깨어서 여기 있다. 당신은 어떤 형태가 아니라 생명 자체로 된 존재다.

———⟨✕⟩———

독립적인 자아라는 제한은 괴롭고 답답하다. 이것을 알아야만 빠져나갈 출구를 찾는다. 그런데 출구를 찾는 사람은 누구인가? 자신이 누구인지, 본질이 무엇인지에 대한 관념을 초월해 문을 열자. 당연시하는 모든 것에 호기심을 갖고, 벌어지는 모든 것을 끝없이 수용하자. 습관의 힘 앞에서 부지런히 전념하면서 연민의 바다로 녹아들자. 겸허하면 모든 분리된 것들이 사라진다.

찾는 것이 무한히 평온하고 넘치는 가능성으로 늘 여기 있음을 알자.

다음에 나와 있는 항목을 하나씩 살펴보자. 그 내용이 내면에 살아 있는지 알아본다. 이것들이 꽃피울 자리를 마련하자. 심신에 미치는 영향을 느껴보자. 거부감이 들면 그 경험을 조사하고 맞아들이자. 단순하게 받아들이고 최선만 다하기를.

1. **열어둠** – '난 아무것도 몰라. 난 있는 그대로의 상황에 열려 있어.'

2. **호기심** – 무엇도 당연시하지 않고 질문한다. '지금 내가 경험하는 게 뭐지?' '이것을 이루는 게 정확히 뭐지?'

3. **수용** – '나는 피하거나 방어하거나 통제하려 하지 않고 수용해. 내가 피하거나 방어하거나 통제하면 그것 역시 수용해.'

4. **전념** – '난 습관화의 와중에서 평온과 행복을 발견하려고 전념해.'

5. **연민** – '난 자신에게 무한히 친절해.'

6. **겸허** – '내가 통제하고 상황을 원하는 대로 만들려는 욕구를 포기해.'

4

도망칠 것인가, 머물 것인가

이제 열림, 수용, 전념, 겸허를 바탕으로 감정의 경험을 더 직접적으로 탐구해보자. 우리는 툭하면 감정에 휘말리고, 그 감정을 파악하는 걸 겁낸다. 그러니 먼저 감정이 실제로 무엇인지, 왜 거기에 빠지는지 살펴보려 한다. 그런 다음에 더 깊이 들어가 감정을 풀어내는 방법을 배울 것이다.

아는 이야기 같겠지만, 감정을 다룰 때는 어떻게 접근할지 깊이 이해할 필요가 있다. 감정적인 경험을 온전히 할 때, 분리감과 혼란을 일으키는 느낌이 중단된다. 감정을 직시하면 감정은 장악력을 잃는다. 그러면 본연 그대로 여기서 삶을 즐길 수 있다. 감정이 다시 생겨도 더 이상 평온을 해치지 않는다.

한 친구는 강력한 감정들을 언급하면서 '난 도망자'라고 적확하게 표현했다. 그는 음주, 관계 문제, 불안과 싸우며 매일 깊은 절망에 빠져 살았다. 하지만 자신을 바라보는 명석한 통찰력을 가진 사람이었다. 바로 '난 도망자야'라는 보석 같은 통찰력을. 무심한 존재에 생긴 이 틈새가 질문을 던진다. 도망치는 기분은 어때? 무엇을 피해 도망치는 거야? 속도를 늦추고 살펴본다면 어떠할까? 멈추고 가만히 있는 게 뭐 그리 무섭지?

자신을 닫는 것은 몹시 괴롭다. 감정들이 밀려나 의식적인 자각에서 배제된다. 또 도망치고 싶은 충동을 일으킨다. 머물면서 실제 경험에 활짝 열기보다, 먹고 마시고 분주하게 움직여 자신을 닫는다. 남을 흉보고 계속 휴대전화 문자를 보내고, 텔레비전을 시청하고 끝없이 생각한다. 멈추고 여기 있는 것을 접해서 친해지는 것만 빼고 뭐든 한다.

순간의 진실을 외면하면, 분리된 몸속의 분리된 자아라는 정체성이 생긴다. 머리에서 관심이 헝클어져서 감정을 현실로 착각한다. 한눈을 파느라 바로 여기 있는 다른 걸 감지하지 못한다. 이미 '자각하기'가 모든 것을 맞아들인다는 사실을 놓친다.

문을 닫으면 어둠뿐이다

자신에게서 도망치면 내적 전쟁이 시작된다. 경험들 – 감정, 신체 감각 – 이 나타나지만 당신은 부정한다. 외면하고 그 경험들이 없는 척하거나 분노하고 거부하는 반응을 보인다. 한편 처지에 대한 푸념, 역할, 편협한 자아라는 망상을 만드는 행동 패턴에 사로잡힌다. 이것은 폭력이 된다. 본모습과 싸우고 진실을 공격한다. 일체감이 주는 경험을 막는다. 그리고 자신이 제한적이라는 틀린 믿음에 빠진다.

그런데 일상에서 이게 정상으로 보이는 게 문제다. 감정 회피가 습관이 되면서 삶은 압박받고 궤도를 이탈한다. 고요하거나 혼자인 게 두려워 계속 움직인다. 사회는 우리를 본모습에서 분리시키는 메시지 폭탄을 퍼붓는다 – 더 많이 사들여라, 더 많은 일을 하라, 더 많이많이. 우리는 불행하면 득달같이 약물이나 유행 중인 자기계발법으로 치유해야 된다고 생각한다. 주위에서는 실제 경험하는 현실이 문제가 있다고 떠든다. 이게 소위 우리의 삶이다.

본모습의 중심에서 멀어질 때마다 경험의 일면을 회피하고, 결국 무너진 느낌을 받는다. 당신의 일부는 닫힌 문 뒤에 숨어야 되는 반면, 다른 일부는 은밀한 감정을 계속 갇혀 있게 하는 보초 역할을 한다. 한편 세상으로 나가 – 혹은 머릿속에 갇혀서 – 감정을 느끼지 못하도록 강박적으로 분주하게 군다. 삶이 복잡하고 뿔뿔이 흩어져 혼란스러워 보인다.

이런 회피 전략이 자신을 규정하는 방식이 되면 사정은 한층 복잡해진다. 당신은 하나의 정체성 – 무가치하거나 자기중심적인 정체성, 주눅들거나 우울한 사람의 정체성 – 을 취한다. 이런 존재 방식의 희생자가 되고 결국 철창에 갇힌 느낌을 받고, 자각하는 존재인 본모습에서 완전히 빗나간다. 그렇다, 당신은 숨을 쉬면서 하루하루를 보낸다. 한데 당신은 누구인가? 이건 누구의 삶인가? 영원히 찾아다니면서 희망을 가져야 되나? 당신이 거기 어딘가에 있을 거라고?

살피지 않은 감정

고민거리 하나를 예로 들어보자 - 도움이 되지 않는 어떤 행동이나 성향도 좋다. 고민의 원천까지 파고들면 이제껏 회피한 감정을 발견할 것이다. 살피지 않았던 이 감정이 자신을 분리된 존재로 보게 만든다. 당신이 피플 플리저라고 하자. 이 성향을 조명하면, 남들이 원하는 일을 해야 된다는 의무감에 시달리는 자신을 발견한다. 무슨 일을 해야 되는지, 어떤 기대를 받는지에 대해 빤한 핑계를 댈 것이다. 하지만 이 의무감을 더 직접적으로 살펴보면, 내적 불편이나 거북함을 자각하게 된다. 또 더 찬찬히 조사하면 두려움, 슬픔, 결핍, 공허를 느낄 것이다.

당신은 바깥세상에서 남의 비위를 맞춰야 된다고 믿는 렌즈로 들여다보며 산다. 그 때문에 화가 나거나 진이 빠지기도 한다. '사람들을 기쁘게 하면 사랑받고 인정받겠지'라고 합리화하면서 내적 평온을 갈구한다. 하지만 관심을 외부로 돌려 필요할 만한 일에 매달리는 것은 내적 감정을 회피하는 것이다. 당신은 깨닫지 못한다. 언제든 친절과 관심을 감정의 본질을 이해하는 방향으로 돌리면 가장 깊은 평온이 여기 있는 것을. 바로 여기 자신이 이미 온전하다는 걸 발견할 수 있고, 괴로운 삶 너머를 볼 수 있다는 것을.

각종 중독, 자기파괴적 행동이나 패턴, 대인 관계 갈등을 살펴보면, 괴로움을 일으키는 원흉은 감정 회피다. 꼬여버린 삶의 일면을 살펴보면 힘든 감정이 숨어 있다.

- 세상에서 표현을 제한하는가?

  두려움이 당신을 몰아간다.
- 과음이나 과식하는가?

  어떤 감정이 당신을 갉아먹거나 젖어들게 한다.
- 불평하는가?

  당신은 짜증스럽거나 실망할 것이다.
- 어떤 사람들에게 감정적으로 격발되는가?

  계속 망치는 선택을 하는가?

  의식적인 자각 밖에 숨은 감정을 아직 발견하지 못했다.

그 때문에 다람쥐 쳇바퀴 도는 기분을 느낀다. 눌러도 감정은 사라지지 않는다. 대신 배후에서 힘을 발휘한다. 당신은 살피지 않은 감정이 당기는 줄에 매달린 꼭두각시다. 이런 감정은 당신을 그릇되게 규정하는 행동과 사고 과정으로 몰아가고, 갈구하는 행복을 막는다.

피할수록 온전한 삶은 멀어진다

게다가 아, 살피지 않은 감정을 억제하려면 얼마나 애써야 되는지! 감정에 사로잡히지 않도록 단속해야 되고 철저히 방어해야 된다. 또 감정을 대면할 여지가 없도록 신세한탄에 빠져 살아야 되고, 그 결과인 스트레스를 감당해야 된다. 그러면 불행하니까 더 나은 자신으로 변하려고 - 더 긍정적으로 사고하거나 성공이나 발전에 매진해서 – 필사적으로 애쓴다. 해변에서 완벽한 모래성을 쌓아 유지하려는 것과 비슷하다. 지치고 현상 유지가 불가능하다.

한편 이 소용돌이의 와중에, 근본적인 삶의 토대로서 모든 경험에서 빛나는 본모습은 간과된다.

감정을 피하는 것은 곧 삶에 '노'라고 말하는 것이다. 충만한, 이루 표현할 수 없는 순간의 본질을 받아든 당신은 받아들일 만한 것과 아닌 것을 가른다. 그래놓고 거부한 것이 밀고 들어와 짓누를까 봐 두려워하면서 산다. 교통경찰이 되어 어떤 경험을 그냥 통과시켜서 다른 경험의 흐름을 막는다. 가장 민감한 감정들이 접근하지 못하게 딴청을 피운다. '제한적인 자아'가 당신의 이름과 정체성이 되어버린다.

일부 경험을 회피하면, 받아들인 경험으로 짜깁기한 두려움이 바탕에 깔린 삶을 살게 된다. 이 삶은 오해한 본모습의 토대에 세워졌기에 만족스러울 수가 없다. 평온과 충만감의 결핍을 느끼고 그것들을 갈망한다. 하지만 관심을 고통을 주는 대상으로부터 기반이 든든한 순수한 존재로 옮기면, 평온과 충만감을 얻을 수 있다는 걸 모른다.

내면의 갈라지고 잘린 부분 너머의 온전함으로 회귀하는 여정은 그늘에 숨은 감정들에 빛을 비추는 일이다. 당신은 망가진 적이 없으므로, 거기서 드러나는 것은 순수한 존재다 – 치유하거나 고치거나, 행동을 바꾸거나 더 나은 사람이 되어야 하는 존재가 아니다. 이런 것들은 본모습에 대한 오해를 강화하는 덫이고, 지금의 존재에 머물 가능성을 잃게 만든다.

이제 잊고 살피지 않았던 감정의 영역에 들어선다. 그 영역들은 여기 있고, 본질적이고 들어갈 수 있다. 이것들은 감정이라는 형상을 지닌, 순수한 본질의 양상이다. 피하지 않고 존중해야 될 신성하고 온전한 삶의 모습이다.

우리는 왜 거부할까?

늘 존재하는 무한한 완전성을 잊고 자신을 분리되고 제한된 존재로 아는 것은 어릴 때 겪은 사건에 반응하면서 시작된다. 감정이 살펴지지 않고 남는 경우, 세월이 흐르면서 이 양상이 강화된다. 앞에서 살펴보았듯이 오롯이 경험되지 않은 감정은 의식에서 벗어나 수면 아래로 들어가 몸과 마음에 박힌다. 그러면 어릴 때부터 이 그늘진 감정이 쫓아다니면서 마음의 벽을 쌓는다. 당신은 이 상황에서 생존해나가야 되는 딜레마에 빠진다.

차단하고 외면하려는 이들도 있고, 끝없이 해결책을 모색하는 이들도 있다. 하지만 누구나 본성을 경험하지 못하게 마련이다. 아름다움, 평안, 고요, 명료함, 느긋함에서 멀어진다. 그렇다고 다 잃는 건 아니다. 깨우침을 주는 복된 순간들 ─ 사랑이나 아름다움에 감동받거나 순수한 기쁨에 휩싸일 때, 경험에 푹 빠질 때 ─ 을 주는 게 삶의 본성일지니. 걱정 없이 살아 있음을 맛보면, 자신의 부분들을 다시 모아 온전한 본모습을 깨달을 가능성과 만난다.

숨은 감정을 살피는 일은 흔히 아는 모든 상식에 어긋난다. 누가 권태, 공포, 분노의 고통을 느끼고 싶을까? 제한적인 자아가 원치 않을 일이다. 하지만 가장 심오한 질문과 만고의 진리를 알려는 열망으로 들어가면, 모든 것을 경험할 수 있음을 알게 된다. 진실을 알려는 욕구가 거부하고 방어하려는 욕구보다 더 강하다. 있는 그대로의 본질과 어우러지려는 의지가 그 두려움을 이기면, 무한한 가능성을 여는 전환점에 이른다.

우리가 내면세계로 들어가는 문을 열지 않으려는 이유는 다양하다.

- 강렬하고 아픈 감정은 겁나거나 압도적일 수 있다.
- 통제 불가라고 느끼고 이런 감정 속에서 뭘 해야 할지 모른다.
- 어떤 행동이나 생활환경에서 일시적인 안도감을 얻는다.
- 이끌어줄 롤 모델이 없다.
- 학교와 가정은 감정을 어떻게 처리할지 가르쳐주지 않는다.
- 최신 유행, 느낌이 좋은 것, 문화와 연결된 모든 것은 존재하는 감정을 부정하라고 부추긴다.

우리 문화는 뒤죽박죽인 생각과 세상에 집중하라고 가르치고 부추기고 기대한다. 감정을 감추는 게 규칙이고 지켜야 될 관례다. 그 결과, 뭔가 근본적으로 어긋나거나 조화되지 않는 감이 든다.

그 감을 신뢰하기를. 그게 맞으니까.

흔히 좋은 의도로 자신을 되찾으려고 한다. 사실 복잡해 보여도 모든 시도의 목표는 평온과 행복이다. 진정하려고 술을 마신다면 평온해지려고 애쓰는 것이다. 화를 내며 몰아붙인다면, 본인의 고통을 발산하고 평온을 되찾으려고 타인을 차단하거나 내쫓는 것이다. 관심을 받으려고 통제하거나 조종한다면, 사랑받는 만족감을 찾고 있는 것이다. 권태에서 벗어나려고 쉴 새 없이 활동한다면, 지속적인 결핍감에서 벗어나 행복과 휴식을 얻는 게 목표다.

당신은 평온을 얻으면 – 괴로움과 자기 비하를 뚫고 나가 마침내 행복할 자격을 얻으려면 – 전쟁을 벌여야 된다고 생각한다.

행복해지고 싶은 거야 당연하다! 하지만 당신은 봐야 할 곳 – 현재 경험의 핵심 – 만 빼고 사방팔방 두리번댄다. 무엇이 자신을 괴롭히는지 잊거나 다 괜찮은 척한다. '……만 한다면'을 되뇌면서 – 사과만 받으면, 연분이 나타나기만 하면 – 행복을 상상 속 이상적인 미래로 미룬다. 어쩌면 감정들 속에서 끊임없이 뒹굴고 때로 행복하다. 혹은 마침내 모든 상처가 치유될 때를 기다리고 있다.

이런 전략 중 일부는 한동안 도움이 되기도 한다. 하지만 왜 영구적인 평온으로 가는 직선 코스를 택하지 않는가?

모든 것과 함께한다

충만한 본모습을 되찾는 것은 혁신적이고 강력하고 사랑이 넘치는 일이다. 숨은 감정들 전부에게 가장 깊은 수용의 자리가 주어진다.

자기 모습을 털끝 하나 바꾸지 않아도 된다. 전부 있는 그대로, 고스란히 맞아들이면 된다. 그거면 충분하다. 겁나더라도 이제 거기 휘둘리지 않는다. 수치심과 자격지심을 직시하면, 망가지거나 손상된 적 없는 온전함으로 살게 된다. 모든 것을 경험하면 자신을 분리된 존재로 보는 관념은 물러간다. 깨달음이 나타나고 새로운 선택들이 떠오른다. 과거에 제약받지 않고 계속 풋풋하고 새롭게 등장한다. 당신은 여기 있다! 깨어 있고 살아 있고, 한없이 유연하다.

이것은 행동의 과정이 아니라 존재의 흐름이다. 특별한 기법을 배우거나 뭔가를 실천할 필요가 없다. 그저 두 가지 조언만 받아들이면 된다. 멈추라, 그리고 감지하라. 모든 것을 통합하는 데 쓰는 전략들을 놓아버리자. 익숙한 방식을 버리면 마음이 불편하겠지만 그래도 놓아버리자. 땅이 흔들려도 내버려두자. 결국 존재 속으로 고꾸라진다는 것 – 아무데도 서 있지 않는 동시에 어디에나 서 있다는 것 – 을 완전히 믿을 수 있게 될지니.

멈추면 보인다

마음속에서 행복을 향한 불꽃이 타오르면, 멈추어도 두렵지 않은 순간이 온다. 다시 습관에 매몰되지 않고 – 똑같이 불행한 결과를 낳을 테니 – 멈추고 자신을 가만히 둔다. 몸에 밴 습관의 영향에서 멀어지게 된다. 마음이 급하고 습관대로 하고 싶은 마음이 강해도 습관대로 행동하지 않는다. 그렇다, 이것이 자유로 들어가는 황금 문이다.

충동적으로 과식해서 다이어트에 실패한다고 하자. 사실을 제대로 알고 모든 망상을 뚫고 본질을 보면, 획기적으로 접근해 멈추게 된다.

음식을 한 입 더 먹는 것을 중단한다. 다음 끼니나 다이어트에 대한 강박적인 생각이 멈춘다. 행동을 합리화하려는 궁리가 중단된다. 가만히 있게 된다.

멈춤은 오랜 습관의 추진력을 막는 신선한 호흡과 같다. 브레이크를 밟아서, 무의식적으로 습관대로 하면서 놓친 감정들을 경험하게 만든다. 감속하면 경험의 진수를 보고 느낄 수 있다. 더 이상 습관에 놀아나지 않는다.

한계를 주거나 괴롭히는 어떤 습관이든, 어떤 학습된 성향이든 '멈춤'이 적용된다. 아주 간단하다. 멈추고 살펴보면 된다. 먼저 호기심을 갖고 질문한다. '아내를 윽박지를 때 난 뭘 느끼지?' '상사와 대화한 후 도망치고 싶을 때 내면에서 어떤 일이 벌어지지?' '쇼핑이나 빡빡한 일정을 짜고 싶은 욕구, 또는 가족 모임을 피하고 싶은 욕구 뒤에는 뭐가 있을까?'

멈추면 실제 경험의 진실이 보인다 – 그렇게 눈을 뜨기도 한다. 당신을 몰아가는 두려움, 인정을 갈구하는 자격지심, 숨어 있는 수치심, 의심, 자기 비하, 똘똘 뭉쳐진 걱정을 자각하게 된다.

일단 자신을 몰아가는 게 뭔지 알면 자유를 얻을 가능성이 열린다. 이전에는 행동을 통제하지 못한다고 느꼈고, 내면에서 보이지 않는 힘의 피해자가 된 기분이었다. 자신을 계발하려는 좋은 뜻이 있는데도 여전히 고통에 시달렸다. 그런데 거기서 빠져나오는 방법을 몰랐다.

무심코 기계적으로 하는 행동을 중단하면, 의식적인 자각 밖으로 밀어냈던 감정을 발견한다. 감정에 무의식적으로 떠밀리는 삶은 끝나고 자신으로의 복귀가 시작된다. 존재로, 경험의 진실로 되돌아간다.

생활에 최대한 여백을 두자. 일상적인 활동을 하면서 존재하고 자각하자. 자주 멈추고 경험을 감지하자. 내면에서 실제 일어나는 일에 대해 자기에게 말하자. 취침 전후에 잠시 고요 속에 머물자.

그렇게 순간적인 발견을 할 토대가 다져진다.

감정 해부

감정은 워낙 생생하고 우리는 그것들을 무척 중시한다. 슬픔, 분노, 두려움, 짜증을 인간의 필수 요소로 여긴다. 감정은 자석처럼 관심을 끌고 삶에서 곤란을 유발한다. 하지만 변함없는 평온과 행복이라는 문제를 다루면서 감정들에 더 유의할 필요가 있다.

감정에 현미경을 들이대자. 감정이 정확히 무엇인가?

우선 '불안'이라는 이름표를 꺼내보자. 감정에 이름을 붙이면 경험에 대해 말하고 남들과 소통하기가 쉽다. 경험을 익히 아는 구체적인 것으로 만든다. 누가 불안감을 느낀다고 말하면, 다들 그 의미를 안다고 생각한다.

해서 '불안'이 어떤 경험의 이름표에 불과하다면, 대체 감정은 무엇인가? 내면에서 무엇이 일어날 때 불안이라는 이름표를 적용할까? 이제 몸에서 일어나는 현상에서 시작해 내면의 경험을 감지해보자. 무엇이 눈에 띄는가? 여러 곳에서 긴장이 느껴질 것이다. 가

습곽이나 배 안이 조이거나 숨이 가쁘고 이마나 턱 근육이 뭉친다.

이 증상은 불안 자체일까? 아니면 신체감각일 뿐일까?

그러고 나면 생각이 밀려든다. '무슨 일이 생길까?', '그이가 전화하지 않으면 어쩌지?', '할 일이 태산이라 도저히 다 못해', '내가 왜 그 말을 했을까'……. 걱정, 두려움, 분노, 혼란이 담긴 생각의 물줄기가 쉬지 않고 휘휘 돈다. 이 생각들이 불안일까?

불안의 핵심을 들여다보면 신체감각과 생각만 - 그것들을 묘사하는 이름표와 함께 - 있다. 불안이라는 - 혹은 다른 어떤 감정도 - 실체는 없다.

다른 예로 유년기에 겪은 일에 대한 속상함과 분노를 살펴보자. 조사해보면 그런 감정을 묘사하는 이름표 - '속상함', '분노', '절망', '슬픔' - 만 있다. 이름표의 밑바탕을 파헤치면 머릿속으로 되뇌는 익숙한 푸념이 있다. 무슨 일이 있었는지, 어떻게 되어야 했고 되지 말았어야 했는지, 이제 어떻게 되어야 마땅한지. 수십 년간 똑같은 타령이다.

하지만 더 들여다보면 몸 안에 자리잡은 신체감각이 있다. 강력한 수축, 군데군데 막힌 느낌, 보호 장비를 입은 듯한 갑갑함.

시간이 흐르면서 감각이 켜켜이 쌓인다. 그때그때 살피지 않은 감각은 과거를 되살려, 통제 못할 것 같은 못마땅한 행동 패턴을 일으킨다.

알다시피 감정은 실체가 아니다. 우리가 감정에 대해 말함으로써 감정이 실제로 있는 것 같을 뿐. 알아보면 감정은 별개의 실체로 존재하지 않는다. 소위 감정은 신체감각과 머릿속을 맴도는 생각의 패턴이 합쳐진 것에 불과하다.

감각과 생각이 합쳐질 때

삶에 불행을 가져오는 신세를 한탄하는 생각을 빼버리면, 신체감각이 계속 있었음이 드러난다. 대단한 발견이다! 인생의 소용돌이 한복판에 이 감정의 신체적인 경험이 있다.

이제 더 나아가 신체감각을 살펴보자. 감각은 고유의 의미를 가질까? 실제로 있을까? 감각은 다음의 경우에만 의미가 있다.

- 무시당하는 경우, 마음속에 푸념이 살아 있게 한다.
- 마음이 의식적으로 의미를 부여하는 경우.
   (예컨대 '신체의 수축은 내가 불안하다는 것을 *의미해*.')

하지만 말이나 의미를 부여하지 않으면, 감각 자체는 자각 안에서 일어나는 경험에 불과하다.

직접 알아보자. 눈을 감고 잠시만 모든 생각을 무시한다. 신체감각이 느껴진다. 감각은 강력하거나 약하고, 유쾌하거나 불쾌하고, 노골적이거나 알 듯 말 듯하다. 이제 관심을 자각으로 옮겨가 감각을 그대로 놔둔다. 생각이 관심을 끌기 시작하면 따돌리고 자각으로 돌아온다. 여기 뭐가 있는가? 자각하는 것 – 그리고 자각 속에 드러나는 감각들 – 만 있다.

자신을 힘껏 안아주기를! 방금 엄청나게 혁명적인 일을 했으니까. 고민의 핵심을 파고들어, 신체감각과 생각이 합쳐진 데서 문제가 발생한다는 사실을 발견했으니. 사연이 없으면(이 부분은 다음 장에서 상세히 다룬다) 문제가 있을까? 신체감각을 외면하거나 이름표를 붙이지 않고 거기 있게 할 수 있을까? 물론 가능하다. 신체감각 자체는 위협적이거나 방해되지 않는다 – 자신이 그것들을 생각하고 의미를 부여하지 않으면. 경험은 순수한 감각이며 – 경험은 순간에 생긴다 – 문제가 발견되지 않는다.

소위 감정은 생각과 감각의 경험임을 알아보았다. 이제 반복되는 사고 패턴이 감각을 외면해서 문제로 인식한 것을 지속시킨다는 사실을 알았다. 생각하고 해결책을 찾으려고 애쓸수록 점점 수렁에 빠져든다 – 아직 진짜 원인을 밝혀내지 못했기 때문이다. 그 원인은 바로 눈에 안 보이는 신체감각이다.

또 신체감각에 고유의 의미가 없다는 점도 알았다. 감각을 바꾸거나 간섭하지 않고 고스란히 경험하면, 감각은 별 탈 없이 생겼다가 사라진다. 그리고 본연의 자신은 – 감각을 자각하는 – 무탈하다. 사연에 사로잡히지 않고 신체감각을 피하지 않고 경험하는 순간, 괴로움이 그친다. 하지만 내 말만 믿지 말도록. 직접 경험해보기 바란다.

경계가 없고 투명한 순수 존재

이 퍼즐에는 고통의 구조를 무너뜨릴 조각이 더 있다. 완전한 본질을 발견하는 일이다. 일시적인 것은 생겼다가 사라지게 마련이다.

이것은 본질이 아니고, 감각은 일시적이다. 생기고 변하고 사라진다.

그러면 무엇이 본질일까? 가장 심오한 진실은 무엇일까? 순수 존재는 언어로 묘사될 수 없다 – 언어는 머리로 붙이는 이름표인데 진정한 본질은 무형의 경험이니까. 기껏해야 *이것*으로 경험되는 정도다. *이것*은 시간상의 순간도 아니고 자각과 형상의 만남도 아니다. *이것*은 지금 무한 속에 나타나는 삶의 형태 없는 본성이다. 거기에는 개인적인 게 없다 – 사람이라는 개념이 존재하는 구조가 없기 때문이다. 형태나 내용물 없이 그 자체로 존재한다. 안에 아무도, 아무것도 없는 순수 존재다. 비어 있고 완전히 투명하다.

하지만 여기 모순이 있으니, 그것이 모든 걸 담는다는 점이다. 사람, 사물, 상황, 시간, 사연, 감각이 이 총체의 일부다. 어떤 것도 이것과 분리될 수 없고, 그 때문에 모든 대상이 순수한 존재로 빛난다. 이것의 핵심에는 모든 것이 있다.

푸념을 놔버리고 자각에 관심을 두면, 감각이 생긴다. 감각의 이름을 짓거나 신체를 규정하는 개념을 놓아버리면, 모든 정신활동 – 자신이 독립된 존재라는 관념을 포함해서 – 을 멈추고 텅 빈 에너지의 흐름을 경험하면 오직 이것만 있다. 감각마저 본질이 아님을 깨닫는다. 감각은 어떤 영향력도 없다. 감각, 자신, 만물은 삶을 조화롭게 풀어가는 합일체다.

이것, 존재는 무한하고 영원하다. 그저 그것이며 당신이다. 당신은 경계가 없다. 당신은 사적인 게 담기지 않는 전체다. 당신은 어디서나 생명과 잠재력을 발산한다. 갈등하지 않는다. 맞서서 갈등할 분리된 개체가 없기 때문이다. 거부할 게 없으니 거부도 없다. 모든 게 당신이다!

순수한 본질에는 형태가 없다 — 사연도, 감정도, 생각도, 감각도, 당신도 그 누구도 없다는 뜻이다. 이런 이해 안에서 고민이나 감정에 시달리는 존재는 아예 있을 수가 없다.

만물을 보고 오롯이 느낀 순간, 당신이 자신과 삶이라고 여긴 모래성은 완전히 무너진다. 이것의 경험은 표현할 수가 없지만, 영원한 행복이라고 불러도 좋을 것이다. 상상하지 못할 만큼 평온하고, 환희와 축하가 넘치는 고운 마음이다. 몸도 편안하다. 모든 긴장과 수축은 나타나는 즉시 확인되고 풀리기 때문이다. 형상이라 착각하는 데 익숙해서 모든 게 평범해 보여도, 그 존재에 대한 경외심에는 비범함이 있다.

그렇다, 얼마든지 이런 상태에서 살 수 있다. 필요하면 정신이 역할을 수행한다. 할 일이 생기면 완전하게 효율적으로 처리한다. 현명한 삶을 위해 계획이 필요하면 계획을 세운다. 고통 없는 복 받은 삶이다.

씻어내고 반복하라

경험으로 다들 알겠지만 습관화된 패턴은 강력하다. 습성이 뭉쳐서 망각이 생기고 사연이 저절로 재구성되어 아주 그럴듯해 보인다. 진실을 향한 끊임없는 노력에도 불구하고, 정신을 차려보니 다시 예전으로 돌아갔다.

분리된 감정을 유지하려는 신체감각의 힘을 경시하면 안 된다. 누구나 신체 반응의 패턴이 몸 안에 박혀서 자각 밖에 머물기 쉽다. 이 패턴은 아픈 기억과 본질에 대한 오해를 유발하기도 한다.

사연이나 감정에 이름표를 붙이지 않고 신체감각을 맞아들일 때마다 평온해진다. 기분 전환이나 감정을 없앨 목표를 세우면 안 된다. 감각이 나타날 때마다 거부하지 말고 사랑이 넘치는 자리를 내주기만 하면 된다.

이게 괴로움을 끝내는 방법이다. 신체감각을 의식적으로 경험하면 자신을 분리된 존재로 규정하는 사연에 마침표가 찍힌다. 감각을 모른 체 방치하면 사연이 날뛴다. 감각을 있는 그대로 수용하면, 본모습과 무관한 일시적인 현상임을 안다. 그러면 자각하는 존재로서 어떤 개념이나 감각이 나타날 시간이 없음을 깨닫는다. 오직 순수 존재인 이것이 있다 – 괴로움이 가당치 않다는 뜻이다.

이것을 반복해서 실행하면 어떤 정체성으로 고착되지 않는다. 감각이 의미를 더하지 않고 그대로 느껴진다. 생각은 정신의 소음일 뿐이다. 사랑이 넘치는 존재는 만물의 핵심이다.

늘 '씻어내고 반복하라'는 주문을 외우자. 옛 습관에 빠졌음을 자각할 때마다 그것을 풀어내버리고 온 길을 되짚어 무한하고 무형의 존재로 돌아가자.

- 감정 같은 '것'은 없다.
- 감정은 생각과 신체감각으로 구성된다.

- 사연을 반복해서 생각하면 습관이 뿌리내린다.
- 생각, 개념, 믿음, 이름표를 버리면 자각할 수 있다.
- 신체감각을 간섭하지 말고 존재하고 변하고, 오고가게 내버려두라.
- 존재의 무한한 특성을 인지하고 경험하면서, 심지어 감각도 본질이 아님을 알자.
- 삶은 고요하고 조용하고, 총체적이고 평온하다는 점을 깨닫자.
- 이것이 당신이다.

인내하면서 꾸준히 해나가자. 습관은 구조가 무너질 때마다 힘이 빠진다. 또 습관을 떨치는 효과와 해방감을 경험하면서 감수성이 커진다. 처음에는 하루에도 몇 번씩 습관대로 해버렸다고 자신을 일깨워야 한다. 그러다 습관대로 하는 도중에 의식하게 된다. 결국은 습관대로 하려는 욕구가 생기는 것을 알아차린다. 그때가 습관의 힘을 약화시킬 기회다. 습관과 반대로 행동하고, 한계 있는 존재라는 정체성 사이로 내다보고, 영구적인 평온이 언제라도 가능하다는 사실을 인식하고 있다.

생각은 진실하지 않다
분리된 자아라는 미망에서 깨어나는 과정에서 마음은 무시할 수 없는 힘이다. 마음에 귀를 기울이면 틀림없이 자가당착에 빠져 꼼짝도 못한다.

생각하고 느끼는 습관적인 방식을 풀어내는 과정은 자신이 별개의 존재라는 개념에 종지부를 찍는 걸 뜻한다. 마음에 떠오르는 생각에 휘말리지 않게 된다는 의미다. 생각이 딱히 없어지진 않아도, 이제 진실인 척할 수 없으니 당신의 관심을 끄는 힘이 약해진다.

마음은 장악력이 위태로워져도 쉽게 없어지지 않는다. 당신은 무형의 본질인 자신을 알고 싶지만, 강력한 습관적인 사고방식이 단단히 뿌리내렸다. 당신은 무심한 습관의 밑바탕인 경험을 속속들이 탐구하는 데 몰두한다. 하지만 마음은 관심을 자신이 아닌 세상으로 향하라고 설득하는 생각을 제시한다.

경험에 문을 열 때 이런 생각이 밀려들면, 생각에는 핵심적인 의미가 없다는 사실을 인식하자. 생각은 소용없고 진실하지도 않다. 당신의 관심을 기계적인 습관, 반응, 감각으로 끌어들여 계속 괴롭힐 뿐이다.

- 나는 약해서 감정적인 고통을 탐구하지 못한다.
- 내가 행복해지는 것은 불가능하다.
- 짓눌려서 그 일을 감당하지 못할까봐 두렵다.
- 고통을 느끼면 영원히 울지도 모르겠다.
- 모르는 것보다는 익숙한 불편함이 더 낫다.
- 난 부당한 대우를 받았으니 꼼짝 못하는 것도 당연하다는 생각이 든다.
- 나를 위해 이 일을 더 낫게 만드는 것은 다른 사람의 책임이다.

- 내가 놓아버리면 남들의 악행을 용납하는 것이다.
- 사과를 받아야 된다.

이런 생각을 한다면 계속 희생자라는 정체성이 남고, 왜 행복해지는 방법을 모르는지 답답할 것이다. 사실 이런 생각은 말로 표현되지만 큰 의미가 없는 – 자신이 믿어서 의미를 부여하지 않으면 – 마음의 에너지에 불과하다. 이런 생각은 본모습의 가짜 대리인이다. 이런 생각이 나타나더라도 자신이 자각한다는 점을 직시하자. 여기서 살자. 감정과 마음의 개념을 초월해서 자각의 본성을 탐구하기를.

만물과 친밀한 자신을 발견할 것이다.

1. 어떻게 경험을 거부하는지에 대해 스스로 솔직해지자. 외면하려고 어떻게 딴청을 피우는가? 무엇이 머릿속에 박혀서 감정을 회피하게 만드는가? 무엇이 당신을 밀어내는가? 이런 것들은 습관화된 패턴일 뿐 당신의 본모습이 아니라는 걸 알아두자.

   이 모든 활동은 당신이라는 진실 안에서 일어난다. 관심을 돌리면 언제라도 복귀할 수 있다.

2. 하루에 서너 차례 이상 멈추고 자각하자. 무엇을 멈추는가? 행동, 계획 세우기, 분석, 걱정, 일을 벌이기. 그냥 멈추고 심호흡을 한다. 그런 다음 순간의 경험을 자각한다. 무엇이 존재하는지에만 유의한다.

3. 감정은 무엇인가? 감정은 늘 신체적인 요소를 갖는다는 점을 인지하자. 최대한 자주 멈추고 자각하고, 신체적인 감각을 환영하는 사람이 되자.

4. 아무것도 자각하지 않고도 자각할 수 있다. 관심을 자각에 둘 수 있는지 보자. 형상이 나타나고 사라지는 것 같지만 자각으로서 머문다. 행동을 놓아버리고 존재하자.

   겁을 먹어도 괜찮다. 마음이 이 완전한 평온을 경험하는 데 익숙하지 않아서 그러한 것이니.

5
생각의 퍼즐

어떻게 강력한 생각이 관심을 사로잡아 자신과 세상을 잘못 보게 만드는지 알아보려 한다. 뭔가 맞지 않는 느낌이 얼핏 들면, 마음을 스치는 생각을 살펴보자. 거기에 비판, 근심, 후회가 있을 것이다.

하지만 마음의 유용한 기능은? 사물의 양상을 이름 짓고 계획하고 이해하지 않는다면 우리는 어디 있을까? 생각은 무형의 본질을 익숙한 형태로 바꾸고 서로 소통하게 하는 언어를 만든다. 우리는 마음으로 세상을 이해한다. 어떤 사물이 있는지, 무엇을 예상해야 될지 안다. 통제한다고 느낀다.

집착하지 않는 한 생각은 문제를 일으키지 않는다. 이 생각은 임의적이고 중립적이다. 혹은 독창적인 아이디어를 표현해서 세상살이를 돕는다. 뭔가 알아야 될 때 해답이나 해결책이 담긴 생각이 나타난다. 독특한 아이디어가 떠오르고 재미있는 창작물을 얻는다.

이런 생각은 고착하거나 반복되지 않고, 감정이 실리지도 않는다.

하지만 생각에 집착하면 이야기가 달라진다. 이 생각은 떠나가지 않고 고착한다. 불만스런 삶의 상황을 고민하거나, 하거나 하지 말았어야 될 말에 대해 넋두리를 반복하면서 귀중한 시간을 흘려보낸다. 오래전에 끝난 상황을 끊임없이 분석하거나 '만약'이라는 시나리오를 되풀이한다. 혹은 기대대로 되지 않으면 낙심한다.

마음은 강박적이고 진부한 일에 사로잡히고, 우리는 자연스러운 상태인 만족감과 느긋함을 놓친다.

생각의 내용을 사실로 믿으면, 생각은 상황이 문제라는 망상을 만들어낸다. 뭔가 잘못되거나 부족하다는 인상을 주면서 비평하고 평가하고 분리한다. 생각이 우위를 점하면 불편하고 불행해진다. 어떻게 해야 그렇게 되지 않을까?

생각은 상황을 있는 그대로 받아들이지 말라고 설득한다. 이런 말로 삶의 순리에 '노!'라고 거부하라고 유혹한다.

- 아니, 이건 아냐.
- 달라야 해.
- 이런 식으로 되는 건 싫어.

어떤 생각이 나타나도 본질은 늘 힘들이지 않고 펼쳐진다. 한순간만 생각을 놓으면, 상황을 그대로 받아들임으로써 얻는 평온을 알게 된다. 마음의 트집 잡는 코멘트를 덧붙이면 어느 결에 문제가 생긴다. 하지만 생각이 자신의 본질이 아님을 기억하자. 괴로운 생각도 자신의 사랑스럽고 열린 공간에서 일어난다. 폭풍이 바다의 수면을 흔들어도 심해는 여전히 고요하고 태평하다.

생각의 '현실'에 따라가다 보면 삶에 폭풍우가 들이친다. 하지만 자신이 자각하는 존재임을 알면 어떤 일이 등장해도 평온하고 차분하다.

생각을 멈출 필요가 없다

흔히 마음을 멈추어야 평온하고 행복해질 수 있다고 오해한다. 아니, 잘못 안 것이다. 꼭 생각을 멈출 필요는 없다.

마음을 멈추려는 시도는 노력과 동요를 일으키고 자신과 싸우게 만든다. 어떤 생각이 자연스레 생기자 그걸 없애야 된다고 자신에게 말한다면, 더 생각해서 거부를 일으킨 것이다. 마음을 멈추려 한다고 하면 그 시도는 누가 할까? 지금과 다른 자신이 되기 위해 더 노력해야 된다고 - 큰 오해 - 생각하게 만드는 것은 분리된 자아다.

하지만 여기 생각 공부가 보여주는 비밀이 있다. 생각의 본질을 꼼꼼히 연구하면 생각이란 그걸 생각하는 이의 착각에 따라 생겼다 사라지는 것임을 알게 된다. '당신'이 생각을 멈추는 게 아니다. 생각은 독자적인 의미와 힘이 없고, 한시적이고 실체가 없다. 그리고 깨달은 마음의 고요가 드러난다.

아무것도 바꾸지 않아도 자신이 무한하며 자각하는 존재임을 깨달을 수 있다. 단 하나의 생각도 없애거나 바꿀 필요가 없다. 생각의 내용이 자신을 규정하는 게 아님을 인식해서, 오해한 정체성을 바로잡으면 된다. 당신은 생각이 일어나는 자각이다. 어떤 생각 이전에 – 그리고 가장 지독한 생각의 태풍 속에서 – 그저 자각한다. 그리고 본질의 영구성을 알면, 소위 생각이 얼씬할 겨를도 없다.

우리는 생각의 세계에서 휘둘릴 수도 있지만, 동시에 그게 참된 본질이 아님을 안다.

생각 자체는 문제가 아니다. 그저 자각 안에서 일어나는 한 줌의 에너지에 불과하다. 하지만 생각의 내용이 독립적인 자아인 당신에게 개인적으로 접근하면, 특히 억눌린 감정이 담긴 경우 일시적으로 당신의 본질을 규정한다. 이 충동적인 생각은 사물을 이해하고 적응하고, 놓쳐버린 평온을 되찾는 방법을 말해준다. 이런 생각에 넘어가면 만물을 포용하는 넓은 당신은 한 줌의 믿음으로 쪼그라든다. 그리고 생각하느라 정신없는 와중에 진짜 당신 – 여기 살아 있는, 자각하고 평온한 – 을 놓친다.

생각의 딜레마를 치유할 명약은 생각을 제거하는 게 아니다. 끝없는 고민을 해결하려고 열심히 노력하는 것도 아니다. 그보다 훨씬 간단하다. 생각을 이해하고 흥미를 갖지 않는 것으로 생각과 화해하면 된다. *생각을 멈추려고 애쓰지 마라. 생각에 귀 기울이는 걸 멈춰라.* 어떤 생각은 나타나서 당신의 주목을 받지 않으면 성가시게 굴지 않는다. 생각을 무의미하고 부적절하게 본다. 생각에 흥미가 줄어들면, 생각의 대부분이 불필요할 뿐 아니라 스트레스와 동요를 일으킨다는 것도 알게 된다.

우선 제 역할을 하기 위해 스스로 생각하게 만들지 않아도 된다는 점을 이해하자. 늘 여기 있는 삶의 순리를 믿는 데서 시작한다. 길에서 벗어난다면, 적절한 실질적 생각을 하면 순리가 딱 필요한 것을 준다. 그러면 자신이 생명임을 – 아무 생각도 없는, 생각을 하는 사람이 아닌 – 터득한다. 단아하고 투명한 자아가 어디서나 빛난다.

생각하는 마음은 살펴봐야 될 힘이다. 관심을 빼앗고 일상의 현실을 규정한다. 생각하는 마음에 흥미를 잃는다? 무슨 말인지 이해되지 않을 것이다.

이 지점에서 이 장이 도움이 될 것이다. 마음이 어떻게 작동되는지를 파악하면, 생각에 휘말리는 순간을 알아낼 수 있다. 누구나 겪는 마음에 휘둘리는 삶의 영향력을 느껴보고, 다른 가능성을 시도해보자 – 생각에 지배당할 필요가 없다. 대부분 생각 없이도 삶은 괜찮다. 그런 다음 생각해야 역할을 할 수 있다고 믿는 겁먹은 한계 많은 사람에게 질문을 던진다. 그리고 문을 열고, 무한한 평온과 거칠 것 없는 기쁨 속으로 들어간다.

우리는 왜 생각하는가

인간은 알려고 하고 모르면 안달한다. 인체는 생존에 최적화되었고, 위협에 극도로 예민하다. 신기하거나 미지의, 통제 불가의 사물에 겁낸다.

발달된 뇌는 사고를 가능하게 하고, 이 능력 덕분에 위협과 미지의 두려움에 대처한다. 생각은 삶을 헤쳐 나가게 돕고 어느 쪽으로 갈지, 거기 가면 무엇을 기대해야 될지 말해준다. 생각은 우리가 안전하다고 느끼도록 두려움을 억제하려 한다.

생각이 과하면, 현실을 예측하고 통제하려는 복잡한 신념 체계에 빠진다. 상황이 어떻게 되어야 되는지, 어떻게 되었기를 바라는지, 무엇을 받아들일지에 대한 개념이 명확해진다. 그리고 이 개념을 계속 일상생활에 적용한다.

아침에 깨서 하루가 어떻게 펼쳐질지 모르는 걸 상상할 수 있는가? 그런데 이게 삶 — 당신의 삶 — 의 실제 특성이다. 아무리 계획하고 예측하거나 희망해도 삶은 나름대로 펼쳐진다. 일들이 알아서 일어난다. 그렇다, 예상대로 삶이 굴러가면 즐겁고 느긋하다. 그런데 그 반대라면? 계약 체결 실패, 해고, 아내의 이혼 통고…… 이런 상황이 벌어진다면?

신념과 추측에 맞춰 사는 것은 가구가 빼곡한 작은 방에서 돌아다니는 것과 비슷하다. 몸을 돌릴 때마다 뭔가와 부딪힌다. 지속적으로 좌절과 실망을 만나므로 매끄러운 항해는 어렵다.

생각에 사로잡히면 헛된 현실을 만들어낸다. '지도는 영토가 아니다'라는 말이 있다. 종일 트레킹 지도를 연구해도 걷기 전에는 그 지역을 모른다. 마찬가지로 상황이 어떻게 될지에 대한 예상을 믿으면 현실을 직접 경험하지 못한다. 예상을 놔버리자. 당신은 존재의 순리에 자신을 활짝 열고 여기 있다. 여기 있는 것을 거부하는 짓을 중단하자. 삶이 주는 것에 '예스!'로 답하자.

삶은 단순히 존재하고, 고요하고 괴롭지 않고, 방해받지 않고 평온하다. 삶은 과거나 미래에 관심이 없다. 통제권을 잃을까 두려울 때, 과거의 짐에 짓눌려 끙끙댈 때, 폭넓은 자신을 마주하기 두려울 때 마음이 치고 들어온다. 마음은 '상황을 처리 가능하고 안전하게 유지해', '안전지대 밖으로 나가지 마' 같은 주문을 외운다. 그러다 삶이 욕망과 충돌하면 – 삶이 위태롭거나, 불편하거나 예상치 못한 일을 안겨주면 – 두려움이 끼어들어 마음을 통제할 수 없게 돌려댄다. 당신은 '만약 ……이라면'과 '……하기만 하면'이 난무하는 생각에 끝없이 집착하느라 지친다. 자각하는 존재와는 거리가 먼, 두려움에 휘둘려 초조하게 사는 삶이다. 들어본 이야기인가?

희소식이 있다. 당신은 귀환할 길을 찾을 수 있다. 두려움과 두려움에 사로잡힌 생각을 분별하는 법을 배울 수 있고, 그러면 자각의 밖에 숨을 필요가 없다. 익히 아는 경험을 초월해서 탐구하면 풋풋한 존재와 다시 연결될 수 있다. 기분은 더 가볍고 스트레스가 줄어들 테지만 거기서 멈추지 말기를! 생각은 자각 없이 존재할 수 있을까? 누가 생각하는가? 누가 자각하는가?

모든 생각에 대한 애착을 내려놓자. 생각이 일어날 수 있겠지만 마음을 주지 말자. 언어나 생각보다 본질에 집중하자. 당신은 한결같이 지금…… 빛나고 살아 있고 깨어 있다.

참 많은 생각들

어쩌면 당신은 마음에 계속 생기는 생각에 대한 평가를 자각한다. 생각은 탐구되지 않으면 불편과 불만을 양산한다. 당신과 상황에 문제가 있다는 메시지 폭탄을 터뜨린다. 현재에 '노'라고 하면서 더 나은 미래를 바라는 노예로 살게 만든다.

이런 생각이 쓰나미처럼 몰려오든, 야금야금 들어오든, 양쪽 다든 그것을 분별하는 방법을 배울 기회로 삼을 수 있다. 어떤 생각에 무심코 진이 빠지기보다는 분별하는 행위가 자유로 가는 큰 발걸음이다. 자신과 생각의 관계가 완전히 변한다. 어떤 생각을 보면 이제는 먹이를 주지 않는다 – 그 생각을 진실한 발언이 아닌 마음의 소음으로 보기 시작한다.

'그녀에게 이렇게 말했어야 했는데'라는 간단한 생각을 예로 들어보자. 생각이 나타났는데 눈길을 받지 않으면 온갖 문제를 낳을 수 있다. 자신, 절망과 후회의 감정, 부족한 인간이라는 정체성에 대한 부정적인 사고가 포함된다. 며칠씩 이런 생각에 사로잡히는 사람들도 있다.

하지만 사실 이 생각은 무엇인가? 단어와 소리로 된 일시적 출현일 뿐, 본질적이거나 유의미한 묘사가 아니다. 생각을 본연 그대로 보면 생각의 장악력이 약해진다. 생각의 내용에 빠져들지 말자. 그리하여 생각하는 습관을 약화시키자. 혁명적인 시각인 줄 알지만 이것은 사실이고 행복의 열쇠다.

생각은 나누고 분리하는 힘이 있고 그것으로 생각을 분별할 수 있다. 여기 세 가지 예가 있다.

1. '해야 한다'나 '하면 안 된다'가 들어간 생각은 무한한 의식에 제약을 가한다. 이런 문장을 살펴보자.

   - 착한 사람들에게 나쁜 일이 일어나면 안 돼.
   - 결혼은 영원히 지속되어야 해.
   - 난 주식시장에서 한몫 잡아야 해.
   - 내 아들은 대학에 가야 해.

   진실의 눈으로 볼 때 이런 믿음과 기대는 헛소리다. 본질이 반영되지 않는다. 일은 일어나거나 일어나지 않고, 이런 생각은 그것과 무관하다. 하지만 이런 생각을 삶의 원칙으로 고수한다면 실망할 수밖에 없다. 기대가 충족되지 않을 때 당신은 어떻게 반응하는가?

2. '내면의 비평가'로도 불리는 내면의 심판하는 목소리는 가혹하고 부정적이다. 그 목소리는 자신을 최악으로 추측하고 타인을 깎아내린다. 이 목소리를 믿으면 자격지심, 소외감, 무력감, 고독을 느끼게 된다. 또 이 목소리는 세상에서 자신이 표현하는 것을 가혹하게 제한한다.

3. 의심과 걱정은 순리에 대한 불신을 드러낸다 – 모든 것을 안 후에 비판한다. 어떤 일이 벌어질지, 어떻게 되었어야 하는지에 대해 연신 질문한다면, 마음이 자신을 마비시킨다. 걱정을 인지하지 않고 지나치면 모르는 것에 대한 공포가 생기고, 심한 스트레스와 동요 속에 지내게 된다.

이런 사고 패턴은 제한적이고 분열을 일으키고, 이것을 정체성으로 쉽게 받아들인다. 자신을 이런 사고 패턴으로 인식하는가? 이 패턴이 자신을 규정한다고 생각한다면, 모래로 지은 집 같은 그릇된 정체성임을 기억하자. 생각이 나타날 때 무엇이 존재하는가? 자각. 이것은 시간에서 해방되고 형태에서 해방되고 무한히 평온하다. 생각은 자각과 분리되지 않는다. 생각은 한동안 일어나는 존재로 다시 형태 없이 사라진다. 생각은 관심을 사로잡아 당신이 본모습으로 여기는 믿음을 만들기도 한다. 하지만 그 와중에도 진실은 항상 빛난다. 자각 안에 있다면 생각은 존재조차 못한다. 생각을 본질과 무관한, 자신의 본모습과 무관한 중립적인 발생으로 보자.

자신에게 하는 이야기

아이들이 같은 책을 반복해서 읽어주길 바라듯 우리는 자신에게 하는 이야기에 사로잡힌다. 좋을 것 없는 이야기, 일어나지 말았어야 될 과거사, 아쉬운 사람들의 처신을 주구장창 반복한다. 앙심을 품고 응징하고 싶다. 드라마틱한 일상사에 대해 떠든다. 내 모습, 내가 아닌 모습, 더 나은 상상 속 미래의 모습에 대해 끝없이 이야기를 만들어낸다.

스토리텔링은 마음의 렌즈로 세상을 본다. 총체적인 경험을 좋고 나쁜 것, 옳고 그른 것, 자신과 타인으로 양분해, 거짓된 근시안적 안목을 갖게 한다. 익숙한 이야기를 접하면 마음의 활동으로 꽉

차 있음을 알 것이다. 이런 사연은 끊임없이 분석하고 해석하고, 비교하고 평가하라고 요구한다. 착각한 독립적인 자아는 이 이야기를 진지하게 받아들이고 영원히 곱씹기도 한다.

내면의 스토리텔링에 몰두하면 사연이 현실 같아서 불행, 불안, 혼란에 빠진다. 어떻게 해야 한결같은 행복을 찾을까? 자신에게 늘 어놓는 이야기를 자각한 후 그대로 두면 된다. 이런 푸념이 자신과 상황을 설명한다고 믿더라도, 잠시만 다른 자신이 되어 ─ 거침없고 무한히 수용하는, 측은지심을 가진 사람 ─ 실험해보자. 존재 구석구석으로 이 가능성을 느껴보기를.

생각에서 벗어나는 방법

그게 아니라는 걸 알기 전까지, 생각은 자신을 독립적인 개체로 산다고 느끼게 만든다. 평생 이 강력한 습관이 고통의 한가운데에 있다.

생각에서 자각으로 관심을 돌리면 즉시 진실이 드러난다. 생각은 본질도 진실도 아니다. 어떻게 하면 생각하기에서 관심을 돌릴까? 정확하고 직접적인 조사를 통해서.

여기 더 나은 삶을 위해 생각과 관심의 고리를 느슨하게 하는 몇 가지 방법이 있다. 본모습을 찾아가는 데 유용한 수단이다. 이 방법은 본질과 본질이 아닌 것을 분별하게 돕고 생각에서 해방된 본질의 기쁨을 알려준다.

조사

조사는 자신을 순간의 경험으로 소환하는 멋진 과정이다. 알아야 된다는, 마음을 짓누르는 욕망을 풀어놓고 궁금증을 갖고 진정한 질문을 던지자. 조사하면서 답을 모른 채 벌어지는 상황에 깊이 귀를 기울이자.

조사는 통제되지 않는 마음을 치유할 약이다. 생각이 넘치는 궤도에 계속 머물지 말고 직진하는 에너지의 브레이크를 밟아 멈춰서서 질문을 던지자. 무엇을 발견할지 누가 알까? 벌어지는 일에 마음을 열면 된다.

생각을 조사하는 방법은 두 가지. 먼저 생각의 내용과 생각의 역할을 묻는다. 그런 다음 생각의 본성을 탐구해서 그 원천 – 바로 자신! – 으로 돌아간다.

생각에 사로잡힌 걸 인식하면 이런 질문을 던진다.

- 생각이라는 것은 뭘까? 생각이 절대적인 사실일까?
- 이 생각이 필요할까? 필수적인가?
- 이게 나나 타인에게 소용이 있을까? 도움이 되거나 유용할까?
- 이 생각은 자극하는가, 아니면 느긋하게 하는가?
- 내가 이 생각에 연연하는가? 이걸 놓아버릴 수 있을까?

얼마나 많은 생각이 되돌이표 같고 쓸모없는지 알면 놀랄 것이다. 그것들은 습관적으로 나타나지만, 조사해보면 해롭고 아프고 적어도 불필요하다는 사실이 밝혀진다. 이것만으로도 생각의 끈을 놓기에 충분하다.

대부분의 생각이 무익한 걸 자각하게 되면 '그냥 놔두자'라는 자연스럽고 옳은 선택이 나온다 – 그러면 힘들이지 않고 자각하게 된다. 조사는 생각을 제거하는 과정이 아니다. 생각이 행복을 막는 몸에 밴 환상임을 깨달으면 생각은 저절로 없어진다.

장황한 걱정투성이 생각에 붙들리지 않으면 마음이 한결 가볍고 밝아진다. 넉넉한 공간 – 생각들 사이의 간격 – 이 눈에 띈다. 밀려드는 평온을 즐기고 나서 더 파고들어 질문하자. '생각은 무엇인가? 생각하는 사람은 누구인가?'

'산책 나갈 거야'라는 생각을 예로 들어보자. 단어 하나하나가 떠올라 의미가 이해되기까지 시간이 걸린다. 무한한 순수 존재의 관점에서 보면 생각이 형성될 시간이 없고, 그러니 실제로 존재하지 않는다. 과연 그렇다! 나타나는 생각이 실제 같지만, 형성되는 데 드는 시간을 빼면 무너져버린다.

이 사실을 끈끈하고 강박적인 생각들 속에 스며들게 하자. 생각이 떠오르면 그 본질을 물을 기회가 있으니 자신에게 돌아가는 길을 찾을 것이다.

또, 생각하는 사람은 누구인가? 자신이 분리된 개체로 생각을 만들어내는 게 아님을 알기를. 자신을 분리되고 제한된 개체로 생각하지 않는다면 당신은 누구인가? 분리라는 개념을 의심하라. 그러면 자신이 온전히 여기서 활기찬 만물의 생명력임을 알 것이다. 믿어도 좋다.

관심 끊기

생각에 흥미를 잃는다? 불가능해 보여도 당신은 – 자각으로서, 본모습으로서 – 이미 생각에 관심을 끊는 방법을 안다. 일상에서 무수한 생각이 자신을 괴롭히지 않고 마음을 스쳐 지난다. 이 생각은 들러붙지 않고 앙금을 남기지 않는다. 어째서? 관심을 주지 않으니까. 왔다가 가버린다, 아무 문제 없이.

하지만 생각에 감정의 군불을 때면 거기 관심이 끌린다. 그 생각을 반복하면서 서글프고 무서운 사연을 늘어놓으며 각색한다. 생각이 떠오르는 게 문제가 아니라 자신이 흥미를 보여서 생명력을 주는 게 문제다. 생각은 쉽게 통제력을 벗어나, 자신을 초조하고 불행하다고 규정한다.

생각이 나타나도 자신이 걸려들지 않으면 어떠할까? 순수 존재에 관심을 집중하면 생각의 내용에 끌려들지 않는다. 그러면 생각은 의미와 중요성을 잃을 수밖에 없고 자신의 본모습을 규정할 수 없다.

습관적인 생각의 특성은 자각이 머물기 어렵게 만든다. 당신은 어떤 사고 패턴을 수십 년간 고수했을 것이다. 생각이 고도로 습성화되어 자신의 본질이 되어버렸다. 활기찬 본모습을 찾으려면 먼저 생각과의 연계, 생각하는 사람이라는 정체성과의 연계를 차단하려고 애써야 한다. 바라는 평온에 집중하고, 도움이 안 되는 것을 거부하면 – 필요하면 언제든 – 생각은 설 자리를 잃는다.

생각을 실제 그대로 – 아무것도 아닌 것으로 – 놔둔다. 생각은 둥둥 떠가서 해체되거나 사라지고 자신은 남는다. 과거나 현재에 끌려들지 말고, 여기 평온하게 활짝 열린 그대로의 삶 – 생각대로가 아닌 – 에 충실하자.

'신경쇠약'이라는 생각에 오랫동안 매달린 친구가 있다. 가족사로 미루어 신경쇠약에 걸렸을까 내내 걱정했고, 이 구절이 주문이 되었다. 그 결과? 공포, 슬픔, 무서운 사건 예감 등 행복을 망치는 반응을 한다. 하지만 그가 이 생각을 아무것도 아니라고 여길 수 있다면 어떠할까? 생각이 떠올라도 개의치 않으면 영향받지 않고 여기 남게 된다.

일상생활에서 강박적인 생각을 최대한 중화시켜보자. 다음의 방법을 시도하고 독창적인 아이디어도 내보자.

- 고개를 돌린다.
- 상상 속 쓰레기통에 던진다.
- '노'라고 말한다.
- 팽개친다.
- 놔준다.
- 내려놓는다.
- 생각이 도움이 되지 않는다는 걸 되새긴다.
- 머릿속에서 나는 소리일 뿐임을 안다.

- 생각이 외국어로 말하는 것처럼 그것을 경험한다.
- 생각이 뜻 모를 '어쩌고저쩌고……'라고 지껄이는 소리를 듣는다.
- 친구의 조언. "애들이 내 잔소리에 귀를 닫듯이 생각에 귀를 닫아."

진실과 진정성 안에서는 생각에 흥미를 잃는다 - 생각은 본질이 아니고 생각의 내용은 진실이 아니니까. 생각에 끌려들지 않으면 스스로 지어낸 한계 있는 삶은 무너진다. 그저 존재하는 게 아니라 살아 있고 잠재력과 기쁨으로 넘쳐나게 된다.

생각의 영향력을 실감하라

어느 멋진 오후, 느긋하고 조용하게 소파에 누워 따스한 햇살을 즐겼다. 한 가지 생각이 떠오르자 곧 몸이 긴장되고 수축되는 걸 알아차렸다. 생각을 스쳐 지나게 하자 수축이 풀렸다. 생각과 무념 사이를 몇 번 오락가락했다. 대단한 발견이었다! 나는 생각하는 수고와 신체 수축의 직접적인 연관성을 받아들였다. 그래서 생각에서 관심을 돌려 존재로 돌아오니 수축이 풀렸다.

자신의 경험을 탐구해보면, 모든 고착된 생각 - 좀처럼 놓기 힘든 흥분되고 감정적인 생각들 - 에 불안, 긴장, 수축이 동반된다는 걸 안다. 이런 생각이 어떻게 영향을 미치는지 자신에게 말하면, 자각하고 생기 있는 자신을 재발견하는 현명한 선택을 할 것이다.

이제 새로운 눈으로, 믿음에 끌려다니면 빛나는 존재감이 약화된다는 사실을 명확히 보자. 푸념을 주절대면 심신이 복잡해진다.

이건 지금 이 순간의 본질과 무관한 구태의연한 사고 패턴의 반복이다. 생각의 영향력을 의식적으로 경험할 때 비판과 걱정과 반추의 고통을 느낀다. 그리고 무엇이 자신을 괴롭히는지, 어떻게 거기서 벗어날지 깨달음을 얻는다.

생각에 끌려가는 삶의 파장을 인식하면, 자연스럽게 온전함과 느긋함을 향해 가기 시작할 것이다.

생각하기에 대해 조사하라는 말은 자책감을 느끼라는 말이 아니다. 그러면 더 동요되는 생각만 하게 된다. 생각하는 것은 잘못이 아니다. 자신을 괴롭히는 사고 패턴은 이해할 만하다. 세상에서 버티고 고통스런 감정을 회피하는 데 도움이 될 이런 전략을 터득하며 살아왔으니까.

하지만 진실에 관심을 가지면 적극적으로 사물을 실제 그대로 보게 된다. 그래서 괴로움을 끝낼 수 있다는 걸 알면, 어떻게 생각이 자신을 분리된 자아로 느끼게 만드는지 파악할 수 있다.

생각을 없애지도, 거기에 빠지지도 말고 그대로 두자. 완전히 수용하고 무엇과도 갈등하지 않는 자각의 공간에서 이 생각하는 성향의 영향력을 살펴보자. 의심에 빠지거나, 타인을 비난하거나, 반복해서 푸념하면 기분이 어떤가? 스트레스를 받는가, 느긋한가? 초조한가, 평온한가? 삶의 상황과 주변 사람들에게 어떤 영향을 미치는가?

시간을 두고 질문을 던지자. 생각이 성가시게 굴지 않을 때까지 오래도록 내면에 이 질문을 간직하자. 고도로 습관화된 사고 패턴을 참아주자. 그것들은 여러 번 되돌아올 것이다. 하지만 그때마다 본모습을 인식할 기회다.

생각을 부추기는 감정을 느껴보라

감정이 강박적인 생각과 연결된다는 것을 이미 알아차렸을 것이다. 생각만 마음에 밀려드는 게 아니라 두려움, 초조, 분노, 슬픔 같은 것도 느껴진다. 이런 감정은 충분히 살펴지지 않으면 사고력을 장악할 수도 있다.

기대와 다른 상황에 대해 계속 생각하면, '······해야 되는데'와 '······가 아니라면'의 수렁에 빠진다. 양파 껍질을 벗기듯 생각의 속살을 들추면 무엇이 있는가? 자기평가? 두려움? 욕망? 분리에 대한 절망감? 가치 있고 온전하려면 필요할 법한 것의 결여?

어떤 생각하는 습관이든 살펴보면 밑바닥에 감정이 깔려 있다. 장차 어떤 일이 생길지, 그리고 어떻게 반응할지에 대한 두려움, 실패한 자신이나 실패하게 만든 타인에 대한 분노, 실망, 적개심, 애환 등 감정이 한도 끝도 없다.

인간인 우리는 생존하도록 태어났음을 기억하자. 살피지 않은 감정은 뭔가 잘못되었다는 느낌을 준다. 마음은 그것을 위협으로 해석한다. 그러면 마음은 이것을 고치려 한다 – 다 별일 없이 다시 안전하게 만들기 위해. 이렇게 강박적인 사고 패턴이 시작된다.

이 과정을 차단할 수 있다. 생각을 부추기는 감정이 생기면 그것을 조명하면 된다. 감정을 맞아들이는 것은, 그것을 파악하려고 강박적으로 생각할 필요가 없다는 뜻이다. 까다로운 감정을 회피하려고 복잡한 전략을 짜지 않고, 자각하는 존재로서 여기 떠오르는 것과 함께하면 된다. 본래의 온전함을 되찾으면, 분리되고 제한된 자아의 구조가 무너진다. 계속 생각에 빠지는 행태가 사라진다.

감정은 신체감각과 강력한 사연으로 이루어진다는 점을 명심하자. 생각의 회오리에 휘말리면, 당장의 경험을 안고 더 깊이 바라보며 존재하자. 생각에서 제대로 몸을 돌리면 – 이미 생각이 아무것도 아님을 아니까 – 몸속의 감각을 발견할 것이다. 이 감각에 활짝 문을 열어 받아들이고 거기에 두자. 어떤 느낌이든 – 묵직함, 따끔거림, 화끈댐, 덜덜 떨림 – 느끼자. 감각이 일어나는 자각이라는 공간은 이 모든 것을 포용할 수 있다. 당신은 모든 것을 있는 그대로 무한히 포용한다.

감각을 허용하는 순간, 생각이 줄어들거나 전처럼 들러붙지 않는다는 것을 알아차릴 것이다. 놀라운 발견이다! 살피지 않은 감정의 불쏘시개를 치우면 과도한 정신활동을 하려는 욕구가 수그러든다. 습관 때문에 계속 생각을 하겠지만, 넓은 하늘을 지나는 구름처럼 지나가버릴 것이다.

생각하는 습관 너머로 관심을 확장하라

강박적인 사고 패턴은 자신을 편협한 시각에 갇혀 지내게 만든다. 끝없는 순환 속에서 자신, 타인, 상황을 몇 날 며칠, 몇 년간 반복한다. 뇌에 골이 파여서 사물을 일방적으로 보는 좁은 시야를 갖게 된다.

흔히 이런 생각은 부정적인 면을 갖는다. 예를 들어 어떤 과거의 상황을 해소되지 않았다고 느끼면, 사건을 각색하고 관련자가 했어야 될 일과 하지 말았어야 될 일, 자신이 오해받은 상황을 계속 생각한다. 이런 반응이 당연한 것 같지만 괴로움의 구멍에 점점 빠져드는 결과만 낳는다.

어떤 사람들은 미래를 불안해한다. 무슨 일이 생길지 걱정하고 최악을 예상한다. 피치 못할 미지의 일을 막으려고 강박적으로 계획한다. 초조하고 불편한 마음으로 살고, 아침이면 하루를 시작하기도 전에 머릿속에 검은 구름이 낀 채 깨어난다.

이런 사고 습관은 폭을 좁힌다. 온전한 본질에서 – 무궁한 잠재력을 갖춘 – 아무 조각이나 빼서 진실이라고 말한다. 이것은 넓은 바다가 있는데 물고기를 작은 그릇에 가두는 꼴이다. 경이, 유연성, 심장이 쏙 빠진다.

이 제한하는 습성을 인식한 다음 시야를 넓히자. 익숙함이라는 너울을 걷고 미지의 가능성에 도전하자. 무슨 일이든 일어날 수 있게 활짝 열자. 그러면 진짜 여기 있는 것을 누릴 수 있다. 이제 펼쳐지는 삶과 하나가 된다.

생각의 필터를 벗기면 중요한 발견을 하게 된다. 기대와 일방적인 사고가 어느 순간에 손발을 묶었고, 자신을 분리된 개인으로 – 초조하고 낙심해서 해결책을 찾으려 애쓰는 – 알게 만들었다. 편협한 시각을 확장해서 본질을 경험하면, 자각하고 활기찬 사람이 된다. 여기서부터 정신의 습관에서 해방되어 무슨 일이든 생길 수 있는 무한한 가능성과 하나가 된다. 통제하기보다 수용한다. 상황에 새롭고 창의적으로 접근하는 방법이 쉽게 떠오른다. 명료함을 얻을 테지만, 사실 그것은 반복적인 생각에 가려졌을 뿐 늘 거기에 있었다.

오랫동안 휘둘린 사고 패턴에서 빠져나오면 낯선 영토에 들어선다. 모든 사고 구조가 해체되면, 활짝 열려서 뇌가 재배열되는 느낌이 든다. 이 열린 상태에 완전히 젖어들자. 그런 다음 이 열림이 자신임을 깨닫자. 익숙한 사고 패턴의 덫에 걸리지 않은 당신은 존재하고 자각하며 예민하다. 잠재성이 넘쳐나지만 앞으로 무슨 일이 생길지 근심하지 않는다. 당신은 순수한 수용체다.

생각에 공감하는 것이 괴로움과 불행의 근원이다. 이런 생각을 조사해서 도움이 되는지 결정하자. 생각이 생각을 불러오는 것을 중단하고, 생각에 의존하지 않아도 여전히 여기 존재한다는 것을 깨닫자. 생각이 빚는 번민에 빠지기도 할 것이다. 그러면 반복되는 습성이 만드는 편협한 시각을 버리자. 자신이 고요한 깨달음임을 되새기자.

이런 기법은 불필요해지면 사라질 것이다. 하지만 도움이 된다면 잘 사용하면 된다. 마음이 관심을 붙잡으면, 수월하게 자각하는 존재인 자신에게 – 한정된 생각이 없고 아름다움, 기쁨, 온유함, 사랑이 넘쳐나는 – 돌아가자.

마음에 휘둘리는 삶 끝내기

늘 행복 속에서 살고 싶다면, 마음에 휘둘리는 삶을 끝내야 한다. 아는 모든 것, 당신을 규정하는 모든 것을 꺼내어 성스러운 불길에 던지자. 붙잡고 있는 생각 – 어떤 사상, 애착, 희망, 욕망, 애정 – 도 내려놓는다. 존재의 구석구석을 연다. 아무 방해도 없이 – 발견할 것에 대한 기대도 없이 – 깊이 귀를 기울인다. 개인적인 의지를 비워서 무엇이 일어나든 끌어안도록 자신을 연다.

그런 다음 앞으로 나아가 만끽한다. 그러면 다음과 같은 것을 발견하게 된다.

- 이제 어떤 일이 일어나도 거부하지 않는다. (거부도 믿음이나 기대가 있어야 하므로.)
- 이제 원치 않는 스트레스가 없다. (스트레스는 꼭, 반드시, 기필코 되어야 한다는 데서 – 전부 생각들 – 비롯되므로.)
- 이제 통제권을 쥐어야 된다고 생각하는 사람이 없다. (개인적이고 분리된 자아를 단순히 생각, 선호, 감정으로 인식한다. 당신이라는 본질적인 개체는 없다.)
- 명확성. (혼란스러운 생각이 없어지고 새로운 통찰력이 나타난다. 무엇을 할지가 분명해진다.)
- 행복. (고요한 마음, 차분함, 기쁨.)
- 사랑과 자비. (개인의 사연에 빠지는 것을 중단하면 진정한 사랑이 흐른다.)

- 무한한 평온.

하지만 이런 결과를 얻으려고 버둥대지 말기를 – 왜냐하면, 버둥대는 사람은 누구일까? 애초에 괴로움을 유발하는 제한된 정체성이다. 얻을 것도 없고 어디 갈 데도 없다. 바로 이 순간 이미 본모습이다. 모든 헛된 체계를 놓아버리자. 그러면 여기 자신이 있다 – 존재하고 깨어 있고 자각하는 자신이.

1. 조용히 앉아서 자신의 경험을 바라본다. 생각하는 것과 생각에 집착하는 것의 차이에 주목한다. 생각이 일어나서 큰 불편을 일으킬 수도 있고, 아무런 영향을 미치지 않을 수도 있다. 생각을 없애거나 생각하는 것을 억누를 필요가 없다. 생각에 연연하지 않고 자각에 집중하면, 자신이라는 일체 안에서 생각이 일어난다는 것을 깨닫게 된다.

2. 어떤 일이나 사람과 맞대응할 때 멈추고 경험을 탐구해본다. 어떤 믿음 아래서 그러는가? 그것은 진실하고 본질적인가? 어떤 감정이 생각을 달구는가? 자, 이 생각과 감정에서 자각을 풀어내자. 사물이 떠내려갈 때 그저 자각하기를 선택할 수 있다는 것을 알자.

3. 어떤 사연을 자신에게 말하는가? 어떤 것이 진짜 정체성이라고 믿는가? 이런 생각이 진짜 정체성을 규정하지 않는다면 당신은 누구인가?

4. (114쪽에 나오는) 생각을 깊이 조사해보자.
   • 이 생각이 필요할까? 필수적인가?
   • 이게 나나 타인에게 소용이 있을까? 도움이 되거나 유용할까?
   • 이 생각은 나를 자극하는가, 아니면 느긋하게 하는가?
   • 내가 이 생각에 연연하는가? 이걸 놓아버릴 수 있을까?

5. 생각의 쓰나미에 빠진다면 관심을 머리에서 몸통으로 가지고 나온다. 신체 감각이 일어나는 사랑이 넘치는 존재를 자각하자.

6
난 실패할 거야!

이제 자신이 분리된 사람 – 성별, 나이, 인종, 역할, 성격을 가진 – 이라는 믿음이 고통의 근원임을 안다. 부모, 학교, 광고, 업무, 사회 집단, 문화, 사회 할 것 없이 모두 이 습성화된 믿음을 강화시킨다.

하지만 이 괴로움의 해결책이 있다는 걸 아니 얼마나 다행인가! 생각을 본질의 토대로 삼지 않고 감정의 진실을 들여다보면 된다. 자신이 생기 있고 제한되지 않는다는 것을 깨닫는다.

이 깨달음은 추상적인 개념이 아니라 삶의 순간에서 확연해진 생생한 진실이다. 하지만 뭔가 삐걱대는 징후가 감지되면 더 깊이 조사해봐야 된다. 어쩌면 아침에 불안이나 두려움 속에서 깨거나, 행복에 필요한 요소가 빠졌다고 느낀다. 인간관계에 실망하거나 불만과 단절을 느낀다. 오랫동안 우울했거나.

두려움과 부족감

두려움이나 부족감이 모든 문제를 일으킨다. 때로 둘이 합쳐지는 경우도 있다. 두려움은 무의미한 예상투성이인 마음으로 부정적인 미래를 상상할 때 나타나는 신체 반응이다. 무시무시한 사연을 만들어 그대로 믿는다. 또 부족하다는 믿음 – 현대의 고질병 – 은 개인과 집단의 심리 속에 단단히 자리잡았다. 둘 다 당신을 계속 괴롭히고, 당신은 그 괴로움에서 헤어나려고 더욱 노력한다.

자신을 개별적인 존재로 느끼게 하는 정체성을 고집하면, 문제가 있다는 느낌 속에서 산다. 자신이 완전하지 않고 부족하다고 믿는다. 사는 것도 무섭고 죽는 것도 두렵다. 그저 존재할 수가 없다 – 이 거짓 정체성은 예상하지 않은 모르는 것들을 경계하게 만드니까. 목숨이 걸린 듯이 관리하고 통제하고 넘겨버리려고 애쓰게 된다.

외부에서 행복을 찾으려고 안간힘을 쓰고 이것은 '……만 한다면'이라는 갈망을 낳는다. 내 문제를 파악할 수만 있으면, 딱 맞는 배우자나 직장만 만난다면, 상황이 다르기만 했더라면, 내가 바라는 대로 일이 풀린다면. 분리된 자아는 만족을 모른다. 그러니 원하는 모든 것 – 평온, 느긋함, 행복 등 – 을 더 나은 미래가 올 때까지 미루고, 미루고, 또 미룬다.

불만이 끝없이 반복된다. 더 나은 미래는 오지 않는다, 그것은 자기 마음속에 생각으로만 존재하니까.

사실 항상 지금만 있을 뿐이다. 삶의 환경이 개선되기를 기다리느라 바로 여기서 이미 평온하다는 걸 놓치는 것이다. 미래에 대한 희망에 사로잡혀서 두려움과 부족감이라는 습관에 빠졌다는 사실을 모른다. 괴로움을 부르는 불편함을 직접적으로 살펴보지도 못한다. 고요하고 차분한 존재를 인식할 가능성을 아득히 잊는다.

행복을 내다보는 게 헛짓임을 알면 새로운 가능성이 열린다. 당신은 사실이 아닌 어떤 것을 당연시하는가? 분리된 자아라는 정체성의 저변에 무엇이 있으며, 어떻게 하면 그것을 떨칠 수 있을까? 본질로 보이는 몸에 밴 습관들 너머에서 당신은 무엇인가?

문제의 근원

두려움과 부족감을 안고 사는 데는 익숙하지만, 솔직히 편안하지는 않다. 우리는 익숙함에 매달려서 자신을 알고 무슨 일이 생길지, 어떻게 대응할지 안다고 생각하면서 안심한다. 아는 것은 안전하게 느껴지는 반면 모르는 것은 불안하고 이상하고 불확실해 보인다. 모르는 게 싫어서 익숙하고 불쾌한 결과를 낳는 아픈 습관을 선택한다. 새롭고 낯선 것을 선택하는 모험을 하지 않는다.

친지들에게서 이 현상을 경험한다. 배우자, 부모, 자식이 울컥할 때마다 늘어놓는 푸념을 달달 외울 수 있다. 같은 이야기가 몇 년이나 녹음기처럼 되풀이되기도 한다. 우리는 이 불만스러운 상황에 갇히는 것을 선택한다. 자존심이나 두려움이 다른 존재 방식에 접근하는 것을 가로막기 때문이다. 전문가가 할 말은 아니지만 난 이 상황을 미친 짓으로 표현한다. 맞는 말이지 않은가?

안전지대에서 벗어나 익히 아는 모든 것을 잊어버리면 쉽게 변화가 일어난다. 넓은 가슴으로 두려움과 부족감의 씨앗을 만나면, 편협한 시각이 확장되고 무한한 가능성이 보인다. 스스로 갇힌 감옥에서 풀려나 삶의 순리대로 살 수 있다. 하지만 무슨 일이든 포용할 정도로 마음을 여는 게 중요하다.

본모습을 깨달으면 귀하게 존재하게 – 본모습을 알아보게 – 된다. 분리된 자아가 생기는 미묘한 양상을 자각하면, 그것을 없앨 공간이 생긴다. 정체성은 무지, 회피, 명확성 부족에서 자라난다. 그리고 진정한 조사와 명확한 시각 앞에서 소멸된다.

정체성의 뿌리에 존재의 빛을 비추면 두려움과 부족감이 드러난다. 자신이 분리되었다고 설득하는 은밀한 믿음과 미묘한 감각을 떨쳐버리자. 자신이 늘 자유로웠다는 사실을 깨달으면 알았던 모든 것이 타서 재가 된다.

두려움의 본성

사람의 몸은 생존과 분리에 긴장한다. 가장 원초적인 수준에서 위험을 경계한다. 우리는 외부 환경에서 잠재적인 위협을 감지하고, 거기에 반응하는 신경조직을 갖고 있다. 신체가 위태로움을 감지하면 심장이 뛰고 근육이 불끈대기 시작하면서, 보호하거나 방어하거나 싸우거나 도망칠 채비를 한다.

무엇을 보호하는가? 실제로 위태로운 게 무엇인가? 개별적인 유기체의 생명. 유기체를 살아 있게 할 의도로 만들어진 공격-도피 반응은 놀랄 만치 강력하다. 굶주린 사자에게 쫓길 때 이 체계가 잘 작동된다. 정말로 신체 부상으로부터 자신을 보호해야 될 때 그렇다. 하지만 정교한 뇌가 강박적으로 모든 것을 분석하려 들면, 자신을 분리된 존재로 구분하게 된다 – 그리고 괴로워진다. 데카르트의 말을 빌리자면 우리는 생각한다, 고로 분리된 개체로 존재한다고 믿는다.

동물들처럼 환경에 본능적으로 반응하지 않고 공격–도피 반응을 하는 것은 도움이 되지 않는다. 계속 생각에 빠져서 상황을 제대로 보지 못한다. 몸이 반응에 뛰어들 준비가 되었다고 느끼고, 분주하게 돌아가는 상황을 해석하고 설명하고 합리화한다. 정신적으로 처리할 수 있는 능력은 이렇게 망가진다.

채권자에게 연체금 통지를 받으면 불안감이 솟구친다. 휴대전화 화면에 헤어진 애인의 번호가 뜨면 몸이 조여든다. 밤에 생각에 사로잡혀 잠을 이루지 못하고 깨어 있다. 혹은 흔히 그렇듯 계속 안절부절못하며 살고, 그로 인해 진짜로 행복할 수가 없다.

이런 진일보한 정신 능력은 자신이 물리적인 신체라고 – 그리고 이 신체는 분리되고 눈에 띄는 실체라고 – 결론 내리게 만든다. 그러다 두려움을 느끼면 물리적인 신체뿐 아니라 정체성도 보호하고 싶어진다. 내가 괜찮나? 내가 충분히 가졌나? 나로 충분할까? 내가 위험에 처했나? 분리된 자아인 '나'의 눈에 세상은 온전함이나 생명을 위협하는 무섭고 적당치 않은 곳이다.

앞에서 살펴보았듯이 감정은 신체감각과 머릿속 사연의 합일체다. 생존 본능의 중심에 긴장, 가쁜 호흡, 빠른 심장 박동, 배 속 뒤틀림 같은 신체감각이 있다 – 모두 싸우거나 도망칠 준비를 하는 중이다. 두려움을 경험할 때 흔히 겪는, 익숙한 감각이다.

이 흔한 감각의 본질을 깨우치기 전까지 감각은 분석하고 통제하고 해결책을 모색하라고 정신을 자극한다. 신체감각이 위태롭고 생각이 다가올 위험에서 자신을 구제하려고 버둥댈 때마다 두려움에 휘둘린다. 스스로 알아차리지 못할지라도.

하지만 당신은 – 무한히 훌륭하고 언제나 용서하는 – 두려운 적이 없다. 물론 두려움을 경험하지만 내면에서 그럴 뿐, 통합체인 당신이 두려운 게 아니다. 당신은 자각하는 존재, 순수한 존재 자체다. 두려움을 경험하는 것은 지당하고 실제 같지만 그렇지 않다. 속속들이 들여다보면, 두려움은 감각과 생각이 일어난 것일 뿐이라는 사실을 발견한다. 당신은 자유롭다 – 또 두려움은 본모습이 아니며, 의식적으로 자유를 경험하게 된다는 것을 깨닫는다. 단절이 녹아내리고 두려움은 장악력을 완전히 잃는다.

하지만 두려움의 파편은 깊이 자리잡는다. 두려움은 아주 미세한 감각 안으로 숨고, 그 때문에 시간과 노력을 기울여야 보인다. 본인도 모르게 생각 속으로 파고들어, 너울처럼 내려앉아 시야를 가린다. 불만스런 선택과 행동 습관 배후의 보이지 않는 힘이다.

여기서 두려움을 속속들이 살피는 것은 그늘 밖으로 끌어내기 위해서다. 그러면 어떻게 두려움이 자아의 토대를 형성하고 분리된 기분을 일으키는지 알 수 있다. 또 두려움이 포용하는 넓은 자신

안에서 일어나는 형상일 뿐임을 알 수 있다.

정체성이 두려움 위에서 세워지지 않으면, 시야가 확장되어 무궁무진한 가능성이 드러난다. 두려움은 안전과 한계의 수호자다. 하지만 방어, 보호, 보존할 실체가 없으면 두려움은 무한한 생기 속으로 녹아든다. 이것은 진실, 열정, 사랑, 세상에서 창의적인 표현의 영역이다.

자신의 경험에서 두려움의 몸통과 목소리를 알게 되면, 두려움이 얼마나 큰 자리를 차지했는지 알고 놀랄 것이다. 자신을 열고 호기심을 가지면 두려움의 심장부에 있는 보석을 발견할 것이다.

두려움은 어떤 형태로 나타날까?

두려움은 여러 개의 가면을 갖고 있다. 괴로움을 들여다보면 두려움이 숨어 있다 – 생각의 밑바탕에 깔린 두려움이 보인다.

근심은 두려움의 얼굴 중 하나다. 미지에 대한 두려움, 모르는 것과 통제 불가능한 미래를 장악하고 싶은 것과 관계있다. 표면적으로는 초조한 생각들의 쇄도가 감지된다. 내가 뭘 해야 할까? 이 일이 생기면 어쩌지? 저 일이 생기면 어쩌지? 이 일을 어떻게 감당할 수 있을까? 그녀가 무슨 말을 할까? 뭘 해야 될지 모르면 어쩌지? 어떻게 그 일을 해낼까? 이런 생각이 머릿속을 지나지만 아무 쓸모도 없다. 하지만 많은 사람들이 만성적으로 걱정에 사로잡히고, 나역시 그런 사람이었다.

근심 경험을 더 깊이 조사하면 몰랐던 긴장과 수축 같은 신체감각을 감지한다. 이것이 두려움이라는 것이다 - 살피지 않고 지나친 신체감각에 끌려가는 미지의 장래에 대한 두려운 생각들.

마음이 의심, 망설임, 공포, 두려움 속에서 빙빙 도는가? 느낌을 더 깊이 바라보면 두려움이라는 신체감각을 발견할 것이다.

불안하거나 초조한가? 스트레스가 심하거나 긴장하는가? 그렇다, 또 두려움이다!

자신이 우유부단하거나 완벽주의자로 여겨지면, 흥분하거나 수줍거나 권태로우면 혹시 두려움에 휘둘리고 있는지 살펴보자.

두려움은 분리된 자아를 구성하는 여러 패턴의 중앙부에 있다. 두려움은 몸을 안전하게 지키는 역할을 하는 신경조직에서 시작해, 자아가 분리되고 확실하다는 심리적인 감각으로 인해 복잡해진다. 몹시 현실적이어서, 본모습을 몸과 보전할 정체성의 합일체로 여긴다. 진실을 탐구하기 전까지는 그렇다.

분리된 자아에 대한 믿음은 깊이 자리잡고, 이 믿음을 살펴보면 가장 핵심적이고 불안한 두려움이 드러난다. 개인적인 자아가 당신이 아니라면 당신은 누구인가? 자아가 없는 당신은 누구일까? 당신이 육체가 아니라면 죽는 건 무엇인가? 죽지 않는 건 무엇이고?

우리는 두려운 것을 회피하는 습성이 단단히 고착되어 있다. 하지만 행복을 원하면, 괴로움을 끝내고 싶다면 진실 파악을 막는 핵심적인 두려움을 직시할 용기가 날 것이다.

알다시피 두려움은 여러 형태를 취한다. 개별적인 자아가 없어지는 두려움이 늘 중심부에 있지만 이것은 근심, 의심, 스트레스 같은 흔한 느낌으로 등장한다. 자신이 분리되어 있다는 믿음을 만들어내는 정체성을 탐구하면, 두려움의 말과 느낌에 익숙해질 수 있다. 왜? 그러면 두려움을 인식할 수 있으니까.

어떻게 두려움이 덫을 씌우는지 알다니 대단한 발견 아닌가! 일단 알면 쇄도하는 생각에서 관심을 돌려, 감각이 자각 속에 나타나는 것을 알아차릴 수 있다. 이 두려움에 대한 진실을 알면 관심을 두지 않게 된다. 두려움에서 벗어나 자유롭게 자각하는 존재가 된다.

결국 통찰력이 생긴다. 두려움에 기인한 정체성은 가짜다. 그것은 자신을 규정하지 않는다. 이 두려움에 대한 생각과 감정 이전에 당신은 살아 있고, 그것들에 영향받지 않았다. 그리고 시공의 개념 사이를 바라보면 그저 무한한 존재만 있다. 감각이 떠오를 시간도 없고 떠오를 공간도 없다.

하지만 정신은 이 깨달음을 관념화할 위험성이 있다. 표현할 수 없는 것을 표현하려는 이런 언어와 더불어 모든 관념을 놓아버리자. 자신을 순수하고 빛나는 존재로서 알기를.

두려움은 '노!'라고 말한다

두려움을 느끼면 인지하리라 짐작할 것이다. 군중 앞에서 연설하려고 나설 때 경험하는 공포와 비슷하거나, 혹은 예상 못한 소음 속에서 깰 때 밀려드는 극도의 경계심 같은 것이라고.

하지만 두려움은 그 이상으로 잘 포착되지 않을 수 있다. 두려움이 생겼을 때 경험해서 살피지 않으면, 두려움은 생각 속에 나타난다. 두려운 생각은 하나같이 '노'와 관계있다. 두려움이 자신을 보호하고 안전하게 보전하려고 애쓴다는 걸 명심하자 – 생길 수 있는 온갖 부정적인 결과를 들이밀고, 그런 일이 벌어질 수 있다고 설득한다. 두려움의 신체감각은 현재에 나타나지만, 두려움에 대한 생각은 상상하는 미래 속에 반영된다.

예전에 난 매사 – 새 아이디어, 제안, 요구, 가능성 – 에 일단 '노'라고 반응했다. 고민하지도 않고 '노'라고 말했다. 오랫동안 내가 '노' 속에 산다는 걸 깨닫지 못했고, 그게 두려움에 끌려다니는 것인 줄 몰랐다. 여전히 가끔 이 패턴이 나타나지만 이제는 명확히 파악한다. 자신을 활짝 열지 않는 것은 계속 통제하고 안정감을 느끼기 위해서다. 하지만 이런 스스로 자초한 한계가 즐거운 삶을 가로막는다!

두려움은 자신이 결과를 모르고 뛰어나가는 걸 싫어한다. 경계심 없이 살고 너그럽게 수용하는 것을 질색한다. 두려움은 확실성에서 성장한다. 미래를 모르면 – 모르는 게 당연하지, 미래를 어떻게 알아 – 두려움은 최악을 상상한다. 두려움을 자신의 중심으로 삼으면 전망, 선택, 기쁨을 만끽하기 어려워진다. 사실은 상상도 못할 엄청난 잠재력을 지녔는데도 스스로 초라한 사람으로 살 것이다.

'내 사업을 시작하면 실패할 거야'라는 생각을 살펴보자. 제대로 점검하지 않으면 이 생각에 사로잡혀 실제로 실패할 수도 있다. 이 생각에는 상상한 부정적인 결과에 대한 섬뜩한 이야기가 담겨 있다. 이 생각 속에서 살면 영영 사업을 시작하지 못한다. 또 정확히 실패가 뭔지도 모르면서 '실패'를 받아들이면, 시작하기도 전에 부정적인 덫에 빠져 자신을 닫아건다.

이제 충동적으로 사업을 시작한다고 상상해보자. 겁나는 생각이 일어나지만 당신은 관심을 주지 않는다. '노'라고 느끼지만 두려움으로 의식하고 존재의 공간으로 다시 들어간다. 계속 자신을 열고 현명하게 행동한다. 해나가면서 배우고, 그러니 '실패'라는 단어는 의미를 잃는다. 당신은 편안하고 효율적이다. 이제는 두려움에 붙들리지 않으니 즐길 수 있고 사랑과 명석함으로 대응할 수 있다.

이것이 두려움을 맞이하고 순리에 따라 자기 삶을 사는 실질적인 가능성이다.

두려움의 언어

두려움은 직접적으로 말하지 않는 경우가 많다. 어두운 골목에 혼자 있으면 '겁나네'라고 말할 것이다. 하지만 두려움의 촉수들은 생각에 숨어 있다. '못해', '그러면 안 돼', '안 하는 게 나아'가 들어간 문장이 떠오르면 두려움이 – 자신을 예기치 않은 위험에서 보호하려고 – 말하는 것이다. 이런 생각은 부정적인 관점을 일으키고, 자신이 세상과 분리된 존재라는 개념을 부추긴다.

앞에서 두려움이 '노'의 언어를 말한다고 살펴보았다. 두려움은 본래 – 또 부지런히 – 현재를 거부한다. 당신이 상상하는 분리된 자아를 위협하는 요소를 계속 찾게 만든다. 또 자연스럽게 존재하는 자유로움을 느끼지 못하도록 방해한다.

생각을 액면 그대로 받아들이지 않고 진실을 찾으려고 조사해보면, 사방에 – 합리화하는 일들의 뿌리에, 못한다는 생각 뒤에 – 포진한 두려움을 보게 된다. 두려움은 당신이 알아차릴 때까지 거기에 있다가 결국 장악력을 잃는다.

두려움은 자기 비하와 의심이 합쳐진 덩어리다. 다음과 같은 말은 두려움에서 비롯된다.

- 내가 그걸 할 수 있을지 의심스럽네.
- 난 실패할 거야.
- 사람들이 못마땅해할 게 뻔해.
- 난 짓눌릴 거야.
- 엉뚱한 말을 하면 어쩌지?
- 그 사람을 실망시킬 수 없으니까 반드시 이걸 해야 해.
- 비난받으면 어떡하지?
- 안전지대를 벗어나면 안 돼.
- 일이 어려워지면 어떡해?
- 어떻게 해야 될지 모르겠네.

우리는 이런 생각이 문제를 해결하고 통제하거나 경험을 재편하는 데 도움이 될 거라고 믿는다. 하지만 정말 그런지 살펴보기를. 이러한 생각을 믿으면 제한되고 답답한 기분을 느끼는 게 당연하다.

평온으로 돌아가는 길을 찾기 위해 논리적으로 따져보자. 우선 이런 생각은 미래가 무엇을 가져올지 안다는 – 실제로는 알 수 없는데도 – 가정에서 일어난다. 예를 들어 '사람들이 못마땅해하면 어쩌지?'라는 생각이 든다. 하지만 '사람들'은 못마땅해하기는커녕 그 일을 생각조차 안 할지 모른다. 실패하거나 억압당하거나 비난받을 거라고? 누가 알아?

미래에 대한 생각은 현실을 반영할 수 없고, 당신을 괴롭힐 힘이 없다 – 스스로 그것들에 힘을 실어주지 않는다면. 두려운 마음에 미혹되지 말고, 여기서 미지 속에 사는 것에 마음을 열기를. 그게 진실이니까.

자, 수많은 초조한 생각의 대상인 미래는 무엇인가? 영원한 자각하는 존재 안에서 일이 일어난다. 마음이 미래를 염려할 때도, 바로 지금 그러는 것이다. 미래는 마음의 창작품이다. 계속 안전해야 된다고 강조해서 이 멋진 순간에서 눈을 돌리게 만드는 생각이다. 미래는 신화에 불과하고, 존재는 노력하지 않고도 살아 있고 믿음직스럽다.

이런 두려움을 털어내면 당신은 누구인가? 이 두려움에 자극되어 사고를 제한하는 사람, 상상 속 부정적인 미래의 희생자일까? 아니, 그런 개념은 마땅치 않다. 이 생각들은 나타나지만 당신과 무관하다. 생각을 본질적이고 의미 있다고 믿지 않는다면 당신과 아무 상관도 없다. 두려움의 언어에 관심을 두지 않으면 뭐가 남을까? 당신, 존재, 두려움에서 벗어난 삶이 남는다.

몸의 반응

두려운 생각이 당신을 규정하는 게 아님을 살펴보았다. 거기서 관심을 돌리면 긴장, 조임, 동요, 불안 같은 신체 현상을 의식하기 시작한다. 이것들을 더 깊이 알아보자.

유독 두려움의 감각에 예민한 몸을 가진 사람들이 있다. 아무런 자극이 없어도 몸이 막 교통사고를 피한 사람처럼 반응한다. 심장이 두근대고 긴장으로 몸이 수축된다. 만성 스트레스와 불안에 시달리는 사람은 이러한 감각에 익숙한 나머지 알아차리지 못할 정도다. 하지만 이 감각들은 분리된 자아라는 정체성의 핵심에 있기에 관심을 줄 만하다.

두려운 생각이 중요하지 않고 근거가 없다는 사실을 깨달으면, 늘 거기에 있었던 신체감각을 직접적으로 경험할 수 있다. 감각이 나타날 때 자각하면 된다. 이 감각은 강하거나 약할 수 있고, 집중적이거나 산발적일 수 있다. 변하거나 강해지거나 사라지기도 한다. 감각이 일어난 공간을 유지하면서, 일부러 더 낫게 느끼거나 없애려 하지 말고 그냥 받아들이면 된다. 감각이 일어날 때마다 거기에 있게 놔두면 된다.

감각을 살피지 않으면 몸속에 은밀히 갇힌 가장 깊은 신체 문제가 되고 자각이 이것과 만난다. 모든 감각을 자각 속으로 맞이하자. 결과를 예상하거나 바라지 말고 이 순간만 염두에 두자. 뭐든 그대로 두면 두려움에 대한 무서운 이야기를 믿지 않게 된다.

그저 존재하면서, 두려움이 생길 때마다 조건 없이 맞이하는 곳에 있으면 된다. 이야기가 없으면 감각만 남고 분리의 벽은 사라진다. 몸 안에 켜켜이 쌓인 두려움이 풀려난다. 시간이 지나면 감수성이 깊어지고, 감각이 자리잡을 기회가 생기기도 전에 두려움과 감각을 알아차리게 된다.

분리된 자아의 물리적인 수축

두려움의 감각을 맞아들이면 패턴이 느슨해져서 감각이 이완되고 스트레스가 줄어든다. 하지만 완전히 평온하고 싶다면 가장 근본적인 두려움에 직접 다가가야 한다. 소위 당신 – 당신의 몸과 정신 – 이 죽는다는 두려움에. 모든 두려움의 근원에 그것이 있다. 그리하면 본모습은 모든 형상에 우선해 자각으로 존재하며, 태어나지도 죽지도 않는다는 사실을 깨닫게 된다. 또 자신을 분리해서 보는 감각을 초월하는 것이 본모습임을 깨우치게 된다.

이 깨달음을 막는 것은 죽음을 두려워하는 '당신'이라는 가짜 감각인가? 이 '당신'에 대한 관념을 생겼다 사라지는 생각으로 경험하더라도 여전히 분리된 감각을 느낄 수도 있다. 이 감각은 신체감각이 자신을 독립적인 개인으로 규정한다는 믿음에서 생긴다 – 이것은 영원한 존재감을 깨닫지 못하게 방해한다. 결국 가슴 속, 눈 뒤쪽이나 명치에서 약간 수축이 일어난다. 이것은 몸이 자신이 독립적으로 존재한다고 설득하는 증상이다.

이것이 모든 고통의 시초다. 분리된 존재로서의 당신에게 강력한 사연을 가동시키는 것은 미처 살피지 않은 미묘한 감각이다. 이것이 자신인 줄 알았던 가짜 정체성이다.

내 경우 눈 뒤쪽에 긴장이 있었는데, 사라질 때까지 있는 줄도 몰랐다. 그것이 풀리자 난 억제된 믿음, 의무, 기대가 뒤엉킨 사이로 세상을 내다보았음을 깨달았다. 머리가 확 열려서 넓은 공간이 드러난 기분이라니! 개별적인 '나'가 아무것도 통제하지 않고, 나와 만물 사이에 경계가 없는 순수한 삶이 펼쳐졌다.

친구와의 대화, 사람들과의 식사 같은 일들이 아무런 경계 없이 순수하게 친밀했다. 표면상으로 그런 활동에 참여하는 사람들이 있었지만, 형상은 실체가 없고 존재로 빛나고 생명으로 울림을 주었다.

겹겹이 쌓인, 살피지 않은 감각에 계속 자신을 열자. 영원한 존재 속에서 여기 순수한 경험으로 감각을 인식하자. 결국 모든 것은 근원으로 돌아간다. 감각의 심장부에 숨은 형언 못할, 풍성한 본질을 깨닫는다. 당신은 아무데도 있지 않고, 당신을 고착시킬 닻 따위는 없다. 그런데도 온전히 존재하고 살아 있고 만물과 친밀하다.

몸속에서 깊은 이완을 경험할 것이다. 이제 분리된 자아를 보호할 필요가 없기에 세포들이 자유 속에서 기뻐할 것이다. 모든 일이 순수하게 자연스러운 상태로 돌아오면서, 마침내 수십 년간 – 혹은 영겁 – 의 긴장을 풀 수 있다.

죽는 건 누구인가, 무엇이 살아 있는가

분리된 자아라는 집을 무너뜨리면 질문이 떠오른다. 죽는 건 누구인가? 무엇이 살아 있는가? 개별적인 자아는 두 가지의 연관 개념으로 – 두 가지의 정신 구조로 – 구성된다. 하나는 자신의 것인 육체. 다른 하나는 욕구, 욕망, 습관, 선호라는 심리를 가진 개인인 '나'라는 개념. 두 가지를 합해 심신이라고 한다.

분리된 자아로서 '난 살아 있다'라고 말한다면, 몸과 몸에 생기를 주는 생명력이 하나이며 똑같다고 보는 것이다 – 그래서 몸이 죽으면 나도 죽는다. 하지만 틀린 말이다. 몸은 사물이며 본래 살아 있지 않다.

심도 있게 조사해보면 육체와 육체에 생기를 주는 생명력이 있다. 나는 생명력이다. 육체는 거기에 한시적으로 나타나는 사물이고. 육체가 생기를 띠는 걸 중단하면 – 소위 죽음이 오면 – 생명력이 변할까? 그렇지 않다. 생명력이 한동안 육체에 생기를 준 것 같지만, 육체는 본질적으로 지속되지 않는다. 뭔가 생기면 육체는 사라진다. 삶이나 만족을 자기 – 또는 남의 – 육체 같은 변하는 것에서 얻으려고 하면, 그것이 사라질까 겁내며 살게 된다. 특효약은 이것이다. 자신이 모든 사물이 생기는 생기인 걸 알면 자유로워진다.

개인적으로 보이는 욕구, 욕망, 습관, 선호 같은 심리적인 개념은 어떠할까? 이것들을 있는 그대로 – 의식 속에 나타나는 개체로 – 보면 그것들은 당신일까? 이것들 없이도 당신은 여전히 존재할 수 있을까?

물론이다. 이 특성들 – 그리고 자신이 분리된 자아라는 믿음 – 은 자신, 자각, 경험이 없으면 존재하지도 않는다. 만물이 그렇듯 영원하지 않다……. 생기고 변하고 사라진다. 의식 안에서 변화가 생길지라도 의식 자체는 변하지 않는다. 사물이 죽는 것 같아도 의식은 죽지 않는다. 당신은 존재의 든든한 토대이고, 생명 자체처럼 순수하고 깨어 있다.

이것을 알면 가뿐하고 열려 있음을 느낀다. 모든 사람, 모든 사물과 평화롭다. 순간의 풋풋한 생기 속에서 기쁨과 창의력과 경이감을 누릴 수 있다. 이제 두려움이나 정체성에 갇히지 않고, 사랑과 연민의 눈으로 사람들과 상황을 명확히 본다. 매 순간 소중하고 온화하고, 진부하지 않고 생생하다. 삶의 환경이 변하지 않지만 마치 처음인 듯이 모든 게 받아들여진다.

분리된 자아라는 미망 사이로 바라보면 더는 두려움에 휘둘리지 않는다. 만물이 이음매 없이 연결되었음을 경험하면 모든 날카로움이 부드러워진다. 용감해지고 방어할 대상도, 경계할 이유도 없음을 안다. 두려움에서 비롯된 습관은 힘을 잃는다. 더 이상 설 자리가 없다. 분리된 자아라는 거짓 정체성을 유지하려는 노력을 – 잠시라도 – 놓아버리면 안도감이 밀려든다.

진정한 삶은 그렇게 시작된다. 이제 두려움은 당신이 세상에서 자연스럽게 제한 없이 표현하는 것을 막지 못한다. 이제 걱정, 의심, 생존에 버둥대지 않으니 매 순간 충만하다. 모든 게 투명하게, 넘치는 생명으로, 축하할 이유로 보인다. 삶과 수행하는 역할을 즐기는 기쁨을 누릴 수 있다.

마음은 두려움이 만든 분리된 정체성이 없어도 자신이 제 역할을 할 수 있을지 걱정할 것이다. 반복해서 진리로 돌아가면 힘들이지 않고 본질을 수용하게 된다. 필요하면 생각하고, 계획하는 게 현명하다면 계획하고, 수월하게 책임을 완수하자.

당신은 삶에 '노'라고 말하는 겁쟁이가 아니다. 마침내 두려움 없이 자각하고 즐기고, 사랑과 무한한 자비심과 가장 깊은 수용 속에서 감사하며 살 수 있다.

1. 미지 속에 있는 실험을 해본다. 아침이나 오후 나절을 비워서 아무런 계획 없이, 아무런 기대 없이 삶이 이끄는 대로 보낸다. 경험하는 어떠한 반응도 맞아들인다.

2. 두려움이 내면에서 어떻게 말하는지 알아본다. 이런 질문을 던진다.
   - 두려움은 미래에 대해 뭐라고 말하는가?
   - 두려움은 당신과 당신의 능력에 대해 뭐라고 말하는가?
   - 어떤 식으로든 제한된 기분을 느낄 때 두려움이 뭐라고 말하고 있는가?

   이제 이런 생각에서 관심을 돌린다. 모두가 자각 안에서 일어나는 정신활동임을 인식하자. 이런 생각에 관심을 주지 않고 단순히 존재하면 어떤 일이 생기는가?

3. 두려움이라는 이름표를 단 신체감각을 자각하자. 이름표를 놓아버리고 감각을 있는 그대로 경험한다.

4. 감각이 일어나기까지 시간이 얼마나 걸리는지 알아본다. 감각이 나타나고, 당신이 자각하고, 감각은 변하거나 사라진다. 시간을 빼고 실험한다. 여기 아무것도 – 감각이 형태를 띨 시간이나 공간이 – 없다는 걸 알자. 어떤 경험을 하는가? 이제 영원 속에서 형태 없는 존재만 있다.

5. 분리되고 방어하는 정체성 없이 산다고 생각해보자. 당신을 포함해 아무것도 어떤 것과도 분리되지 않는다. 두렵지 않다 – 모든 게 당신이니까. 꼭 시도해보기를! 두려움 없는 세상에서 사는 게 어떤지 알아보길. 뭘 할까? 어떤 기분일까?

7

왜 나만 이런 걸까?

자격지심 문제가 우리 사회에 만연하다. 낮은 자존감, 인정 욕구, 시녀병 등으로 불린다. 자신을 분리된 자아로 믿는 사람은 뭔가 부족한 기분으로 산다.

자격지심을 암시하는 기류는 어디에나 있다. 10분만 TV를 보면 광고는 우리가 젊지 않다고, 날씬하지 않다고, 행복의 조건인 자동차나 청소기를 갖지 않았다고 떠들어댄다. 우리는 인정해주지 않는 문화 속에서 살고, 대부분 가정에서부터 그걸 배운다. 자신이 충분히 훌륭하지 않음을, 갖지 않은 걸 가질 필요가 있음을 배운다. 이것이 자격지심의 유산이다.

물론 자격지심은 개인의 심리에 스며든다. 이런 식일 것이다.

• '인정받고 완전해지려면 뭘 해야 될까', '어떤 사람이어야 될까'

라는 생각에 빠져 산다.

- 자신이 괜찮다고 느끼려면 타인의 인정이 필요하다.
- 지속적인 자기 비평.
- 인생에 뭔가 더 있을 거라는 확신.
- 공허한 감정을 채우려는 강박적인 행동.

양동이가 늘 새는 것과 비슷하다. 충만, 느긋함, 편안함을 느끼지 못한다.

결여는 욕구를 낳는다. 뭔가 부족하다고 느끼면 바깥세상으로 나가서 적당한 상황, 사물, 사람을 찾아 자신을 채우려 한다. 하지만 원한다고 생각한 것을 얻어도 만족감은 금방 끝나게 마련이다. 사업상 계약을 성사시키거나 백마 탄 왕자님을 만난 후 얼마 동안이나 평온한가? 결국 욕구가 당신을 항상 남의 떡이 더 커 보이는 덫에 가둔다.

자격지심에 휘둘릴 때

불행의 뿌리에 자격지심과 욕구가 있다. 개인적인 자격지심은 너무 고통스럽고, 푸념은 사기를 잔뜩 꺾는다. 행복하기 위해 필요한 것을 갖지 못하거나 자신이 부족하다고 믿으면 고통스럽다. 그러면 부족한 것과 욕구를 메우려고 안간힘을 쓸 것이다. 불교에서는 이것을 아귀라고 하는데, 부족하다고 생각되지만 결코 만족 못할 것을 찾으려는 지독한 허기를 뜻한다.

인정하기 싫겠지만 당신은 눈길과 애정을 갈구한다. 누릴 자격이 있는 것을 거머쥐는 게 당연하다고 느낀다. 그런데 세상은 당신에게 완전해지기 위해 꼭 필요한 것을 주지 않는다.

이런 갈망을 관계와 일상에 끌어들이면, 이 자격지심은 처신에 영향을 미친다. 남의 비위를 맞추거나 통제하려는 것, 자기를 어떻게 내보일지에 지나치게 신경 쓰는 것, 해야 되긴 하는데 하기 싫은 일을 하는 것. 이런 일들의 배경에 아귀가 있다. 결여와 욕망이 판단을 가리고, 그로 인해 불만스러운 상황에 빠지는 결과가 반복된다. 텅 빈 손이 기쁨을 막고 성취를 방해한다.

자격지심은 관심을 자신으로부터 세상 속으로 돌리게 한다. 이 단편적인 습성에 몰두하면 훌륭한 본모습을 잊는다. 문제의 근원을 탐구하는 일을 내팽개치고, 목숨이라도 걸린 듯이 채우려고 헤매고 다닌다.

어떻게 떨쳐내야 할까?

이 탐구는 '부족감' 속에서 사는 걸 멈추라고, 자신이 마침내 자격을 갖추기 위해 필요하다고 느끼는 것을 찾지 말라고 권한다. 자격지심의 중앙으로 눈을 돌려서 그게 사실인지 알아보자. 푸념과 무력감의 밖에 늘 진실이 거기 있어왔고 발견되기를 기다린다는 점을 깨닫자. 늘 찾아 헤맨 모든 것이 바로 당신이다. 당신은 온전하고 완벽하다. 충분 그 이상이고 충만하며 넘쳐흐른다 ─ 지금 그 모습 그대로. 자격지심의 미망에서 깨어날 수 있고, 그것이 갈구하던 치유다.

두려움이 그렇듯 자격지심은 자신이 한정된 존재라는 관념 속 깊이 박힌다. 행복으로 가는 지름길은 거짓에서 진리를 떼어내어 본연의 무한한 평온 안에 사는 것이다. 순수 존재로 빛나는 빛 속에서 사는 것이다. 하지만 보통 사람들은 습성화된 패턴 속에 엉켜서, 진리 안에서 살고 싶지만 고통 속으로 끌려가게 마련이다.

자격지심이라는 가짜 정체성을 가려내야 된다는 걸 알자. 살피지 않고 내버려두면 자격지심은 분리된 자아라는 정체성을 강화한다. 그리고 그것은 복잡한 욕구, 방어, 역학 관계, 감정을 가동시킨다. 고독 뒤의 갈망 안에, 나 아닌 타인이 선택받을 때 느끼는 울분 안에, 타인에게 집착하거나 타인을 회피하게 만드는 절망 안에, 재물을 쌓으려는 탐욕 안에 자격지심이 있다.

모든 경험이 자격지심을 버리고 자유로 가는 문일 수 있다. 부족하다고 느낄 때, 그것의 진실을 발견하는 데 사고력과 호기심을 쏟자. 조사만 해도 기적처럼 알게 된다. 확고하고 본질적이라고 믿었던 이 정체성이 사실은 실체가 없고 존재하지도 않는다는 사실을. 자격지심의 덫에 빠지는 것을 중단하고 본모습대로, 아무것도 필요치 않고 부족하지 않은 상태로 살기 바란다.

분리된 자아를 유지하려는 노력

처음에는 그렇게 보이지 않겠지만 부족한 사람이라는 정체성을 유지하는 데에는 노력이 필요하다. 마음은 자신이 남들과 분리된 자아라는 개념을 만든다. 그런 다음 자신을 남들이나 스스로 생각하는 자기 모습과 비교해서 부족하다고 결론 내린다. 이것은 자격지심이 되고, 삶의 상황이나 남들의 반응에서 자격 부족의 증거를 찾는다. 마침내 자신을 온전하게 만들어줄 것 같은 사랑과 인정을 추구한다. 그러다 결국 자신에게 부족하거나 불완전한 점이 있다고 믿는다. 복잡다단하다! 얼마나 가리개를 끼고 사는지, 본질의 티끌에만 초점을 맞추는지 알겠는가?

자기계발서는 자신을 사랑하는 법을 배워야 된다고 떠든다. 하지만 이것 역시 유지하기가 어렵다. 자신을 더 사랑하기만 하면 자격지심과 결핍 같은 감정의 희생자가 되지 않는다고 가르친다. 하지만 사랑하는 걸 배우는 당신은 누구인가? 사랑을 행하는 것은 누구인가? 또 흔히 말하는 이 사랑은 무엇인가?

'자신을 사랑하는 방법 배우기'는 결국 도움이 되지 않을 오해투성이 전략이다. 효과를 보려면 자격지심을 없애고 충만과 자족에 대한 생각을 채워야 된다. 자신이 완전하다는 사실을 명심해야 한다. 그런 다음 부정적인 신념 체계를 버리고, 더 긍정적인 신념 체계를 취해야 된다. 경험으로 자신이 온전하다는 걸 알아야 되는데, 어떤 정체성 대신 다른 정체성을 유지하는 방식으로 자기계발을 꾀한다. 이것은 행동하는 것일 뿐 존재하는 게 아니다.

또 자신을 사랑한다는 전략은 분리된 자아라는 개념에 대응할 신체감각을 경험하지 못하게 한다 – 분리된 감각은 신체 본연의 특징이기 때문이다. 이런 감각을 모른 척 넘기면 계속 자격지심에 사로잡힐 것이다. 세심하게 살피면, 자격지심이라는 정체성 뒤에 긴장이나 수축이 물리적으로 숨어 있음을 발견한다. 이런 감각을 느껴보자. 그러면 자신이 불완전하고 부족하다는 믿음에서 놓여나 늘 존재하는 것을 감지하게 된다.

자격지심을 해결할 유일한 방법은 푸념이 자신과 무관하다는 걸 깨닫는 것이다. 푸념은 당신 자신의 것이 아니다. 그저 자각 속에 나타나는 마음의 넋두리일 뿐이며, 강력하게 느껴지는 때가 있더라도 본모습과 아무런 상관이 없다.

심층 탐구를 통해 진실에 접근하면, 이런 생각들에 앞서 늘 거기에 당신 자신이 생생하게 존재해왔음을 깨닫는다. 그러면 이 시시한 넋두리에서 관심이 돌려진다. 충분히 자각할 공간이 생긴다. 무엇이 보이는가? 부족하다고 여겼던 것은 생각일 뿐이며 자각 속에 떠오른 신체감각일 뿐이라는 게 밝혀진다. 자각 안에 머물며 모든 걸 내버려두면, 자격지심이라는 정체성은 흩어지기 시작한다. 자신이 부족하며 더 많이 행동하고 더 많은 면을 갖추어야 된다는 거짓 정체성에 붙들려 소중한 삶을 낭비하지 말자. 진정으로 살기 시작하자.

이 자격지심과 자격지심이 만드는 갈구의 사연은 인간이 개별적이라는 믿음에 단단히 뿌리내린다. 내면이 어떻게 작동되는지를 잘 알면 순리대로 살기 시작할 수 있다 – 광활하고 자유롭게. 순간의 경험을 지속적으로 탐구하자. 이 용기 있는 탐구는 습관을 차츰 없애준다. 바람과 파도가 가만가만 바위를 모래로 만들 듯이.

과대평가 또는 과소평가된 정체성

자격지심의 씨앗은 자신을 확대하거나 축소하는 양상을 낳는다. 자신을 본래보다 못하거나 낮게 생각한다. 과소평가하거나 과대평가한다 – 이것은 동전의 양면과 같다. 양쪽 다 자신을 타인이나 상상 속 이상과 비교한다. 이 생각에서 나오는 성향이 만물 속에서 빛나는 본질적인 존재를 가려버린다.

과소평가의 고통은 경계가 없다. 은밀한 수치감을 키우면, 자신이 손상되었다고, 고쳐야 된다고, 빠진 부분이 있어 온전해지지 못한다고 믿으면 과소평가 속에 산다. 과소평가의 내적 언어는 몹시 사나울 수 있어서 스스로 루저, 멍청이, 혹은 더 나쁘게 부르기도 한다. 당연히 우울하고 외롭다. 퇴짜를 겁내고 사랑을 갈구하면서, 순수한 마음이 아닌 불안정을 가져올 결정을 내리고 만다. 갈망하는데 갖지 못하면서 사는 것은 고통스럽다.

과대평가의 저변도 비슷하지만 드러나는 양상은 다르다. 거만, 오만, 권리 주장, 자기애, 왕자병이나 공주병, 통제하고 지배하려는 욕구 – 이것이 과대평가된 분리된 자아의 거짓 정체성들이다. 자신이 특별 대우를 받을 자격이 있거나 어떤 결과를 누릴 권리가 있다고 생각한다. 이런 패턴이 방패로 작용해, 그런 양상을 스스로 의심하는 걸 가로막는다.

이 정체성은 오래전으로 거슬러 올라간다. 자신이 부족해서 온전하지 못하다고, 더 채워야 된다고 배우는 곳은 어디일까? 어린 시절 이 메시지에 물든다. 아이들은 주변에서 일어나는 일에 취약하다. 자기중심적인 관점에서 세상을 보고, 뭐든 부족한 점은 자기 잘 못이나 탓으로 여긴다.

예를 들어 어릴 때 자주 거부당하면 자신을 하찮게 여길 만하다. 그게 아니라면 왜 부모가 거부하겠는가? 물론 부모 자신의 혼란과 관련된 이유가 많지만, 어린 마음은 그것들을 수용하지 못한다. 하 찮다는 정체성은 거부당한 사랑과 수용에 늘 연연한다. 그리고 이 갈망은 자격지심을 토대로 과소평가와 과대평가하는 정체성을 만 들어낸다.

그러면 삶은 자기 예언대로 된다. 자격지심의 렌즈로 세상을 보 는 사람은 지배적인 배우자를 선택하기도 한다. 그러다가 왜 늘 자 신이 이용당하는지 의아해한다. 혹은 부정적인 평가를 받을까 두 려워서 창의적인 표현을 억제하고, 성공하지 못했다고 불평한다. 과대평가하는 정체성을 가진 이들은 인간관계의 문제를 많이 경험 한다. 사람들을 억누르고 자신의 중요성을 과장하는 행동에 탐닉 해서 약한 자신을 지탱하려 한다.

두 양상 모두 욕구의 씨앗을 갖는다. 부족하다고 인식하는 것을 찾고 싶다. 이 믿음은 사랑, 권력, 돈, 인정, 물질을 ─ 자신의 부족함 에 대한 오해를 기반으로 해서 ─ 끝없이 찾아 헤매게 한다.

푸념이 아무리 그럴듯해도 두 가지 정체성 다 본모습이 아니다. 그게 어떻게 진실일 수 있을까? 이것들은 존재 안에 나타난 정신 적·감정적 형상 덩어리다. 자각하면 그것들이 습성화의 결과이며 본질이 아님을 알게 된다.

푸념을 의심하자 – 액면 그대로 받아들이지 말자. 당신은 정말 부족한 사람인가, 아니면 자기 방식대로 처신할 자격이 있는 사람인가? 이것을 믿는 사람은 누구인가?

이런 믿음, 충동, 감정이 일어날 때마다 심호흡을 하고 마음을 활짝 열자. 여기 관심을 두면, 현실로 보였던 것들이 물러가기 시작한다. 이 개체들과 얽히지 말고 그것들이 자유롭게 오가게 내버려둔다. 의식적인 존재로 확장되는 것을 인식하면, 이 무의미한 경험은 당신에게 스스로가 잘못됐다고 느끼도록 하지 못한다. 당신의 지성은 그런 믿음을 접으라고 조언한다. 당신은 자신이 있는 그대로 이미 완전할 가능성을 진지하게 고려한다.

푸념을 물러가게 두면 거기에 깔린 감각을 수용할 공간이 생긴다. 이 감각들은 답답하거나 어둡거나, 무겁거나 공허할 것이다. 아무런 조치도 취하지 말고 감각들을 내버려두자. 과대평가되거나 과소평가된 정체성이 일어날 때마다 푸념을 끊어내고 직접적인 감각을 사랑이 넘치는 열린 공간에서 맞아들이자. 그러면 사랑이 넘치는 열림이 존재한다.

난 능력을 인정받아야 된다고 느꼈는데 그게 아니자 오만해졌던 때가 있었다. 감정이 불꽃처럼 치솟았다. 마음속에서 푸념을 놓아버리고 강력한 신체감각에 마음을 열었다. 시간이 지나자 인정받고 싶은 감정 뒤의 불꽃을 의식했다. 처음에는 감정이 가라앉는 정도였지만, 이 괴로움의 고리에서 벗어나자 큰 안도감이 밀려왔다.

모든 반응을 그대로 마주하면 사로잡힐 새 없이 감정을 쫓아내게 된다. 자각하는 존재로, 고요한 자신으로 돌아간다. 조작되고 상처받은 거짓 자신이 아니라 진실되고 살아 있는 순수한 당신으로.

그 상태에서는 생각이나 감정이 – 또는 어떤 다른 것도 – 생겨날 공간이나 시간이 없다. 그것들은 무형의 본질을 인식할 때 사라진다. 그리고 여기 보물이 있다. 비었거나 부족하다고 느낀 것이 완전히 충만하다고 판명된다.

어디를 보든 모든 것의 심장부에서 삶을 – 무한히 친밀하고 분리할 수 없는 – 본다. 사랑을 갈망하는 오랜 습관은 농담 – 본질에 기초하지 않은 개념 – 이 된다. 본질은 – 형상에서 벗어난 그 순수한 상태로 – 본래 한없이 자비롭다는 것을 아니까, 모든 것을 담고 있으니까. 자신이 늘 완전하고 온전하고 모든 걸 포용한다는 진실이 드러나면서, 부족하다고 믿었던 혼란스러운 망상에 연민이 일어날 것이다.

분리된 자아가 해체되고 본모습을 파악하더라도, 자격지심이라는 오랜 패턴이 해소되려면 시간이 걸린다. 지속적인 평온을 경험하고 싶기에 옛 습성이 되살아나면 좌절되기도 한다. 충분히 자각하지 못한다거나 관심이 옛 습관으로 돌아간다고 탓하는 푸념에 휘말리지 말고 그냥 내버려두자. 사실 마음이 무슨 말을 한들 자신으로부터 눈곱만치도 움직이지 못한다. 일단 관심이 마음에 쏠린 걸 인식하면, 다시 한 번 멋진 자각의 순간을 맞이했으니 관심을 자각으로 돌린다. 순조롭게, 요란 떨지 않고 모든 생각에서 벗어나 순수한 존재를 의식하게 된다. 관심을 돌릴 때마다 습성이 된 거짓 자아가 조금씩 없어진다.

존재를 경험하는 것과 자격지심에 사로잡힌 것의 차이를 살펴보자. 불완전하다고 생각했던 그곳에 실제로 부족함이 있는가? 어떤 경계라도 있는가? 거기에 담기지 않은 게 있는가? 자신이 괜찮다고 느끼기 위해 타인의 사랑을 갈구하는 건 어떤가? 존재 안에는 나와 남이 따로 없다. 예민한 부분들이 사라지고, 어디나 살아 있는 충만함이 드러난다.

개인적으로 받아들이지 않는다

자신이 부족하다고 느낀다면 상황을 개인적으로 받아들이는 것이다. 남이 어떤 말이나 행동을 하면, 당신은 분리된 존재라고 믿고 그걸 개인적으로 받아들인다. 과대평가 또는 과소평가된 정체성에서 감정적인 반응은 거부되거나 무시당하거나 비판받는 느낌에서 생긴다. 어떻게 하면 이 괴로움에서 벗어날 수 있을까? '그 인간이 나한테 이런 짓을 하다니 믿을 수가 없어!'라고 한탄하거나 말없이 상처를 안는 괴로움을 끝내는 걸 상상할 수 있는가?

아픈 감정을 경험하는 것은 많은 복잡한 역학 관계와 연관되어 있다. 우선 자기 안에 뭔가 빠졌거나 잘못되었거나 나쁘다는 감각으로 자신을 규정한다. 그런 다음 계속 사랑과 인정을 갈구하며 산다. 그러면 타인의 반응에 민감해지고 상황을 개인적으로 받아들이는 단계가 마련된다. 모욕이나 퇴짜는 자신에 대한 최악의 두려움을 – 하찮으며 사랑받지 못한다는 – 확인해주는 것 같고 아픔을 느낀다.

이 그물을 풀어낼 출발점은 자신에게 늘어놓는 푸념을 인식하는 것이다. 그 사람이 한 말, 자신의 감정과 분노 같은 감정이 실린 생각이 마음속에서 맴돌며 고통을 불러일으킨다. 오랫동안 이런 생각을 자신의 본질로 삼고 살았더라도 이제 그것들은 생각에 불과하다는 걸 안다 - 그저 가짜 내용을 꾸며낸 머릿속 수다일 뿐이다. 자신이 사실이라고 생각할 때만 그것들은 의미를 갖는다. 만일 그렇게 믿으면 그 생각이 자신을 장악한다.

이러한 생각의 본질을 이해하면 자유를 얻을 수 있다 - 이것들은 왜곡되고 부정확하기 때문이다. 일단 자신이 부족하다는 걸 믿지 않으면 마음이 열려 고통의 그물에서 빠져나온다. 감각이 나타나겠지만 그냥 놔두자. 관심을 자각 안에 두면 공간과 평온이 보인다.

시간이 흐르면 이 생각과 감정 덩어리가 물러나기 시작한다. 이제 부족함이라는 정체성에 집착해 반응하지 않으니 깨달음이 나타날 공간이 생긴다. 본질을 거부하지 않는다. 이제 '그이가 그러다니 내 마음이 너무 아파'라고 말하지 않고, 벌어진 일을 느긋하게 받아들인다. 그러면 이렇게 물을 수 있다.

- 그이는 무슨 동기로 그렇게 했을까? 아마 혼란이나 괴로움에 빠졌겠지.
- 내 안의 무엇이 감정을 촉발시켰을까? 그게 궁금하네.
- 내가 자신을 대하는 대로 그이가 날 대하고 있나?

- 부족함이 아닌 온전함으로 대응할 수 있을까?
- 이 순간의 핵심적인 진실은 무엇일까?

이 질문들은 무가치한 인간이라는 정체성의 덫에서 빠져나오게 도와준다. 하지만 궁극적인 깨달음의 디딤돌이기도 하다. 자신을 부족하고 상처받기 쉽다고 믿지 않으면, 어떤 공격이나 불쾌한 코멘트도 발붙일 자리가 없다. 어떤 소리가 들리기도 한다. 하지만 이 것은 타인의 이야기일 뿐, 관심을 무한한 자각 속에 두면 의미 없는 소리다.

직장에서 동료에게 일처리 방식을 비판받는다고 하자. 당신이 분리된 자아로 반응한다면 말수가 적어진다 – 속상하고 방어적이 되고 화가 난다. 항의하거나 거리를 두고 지낼 것이다. 하지만 지켜야 될 정체성이 따로 없으니 심호흡을 하자. 경험을 거부하지 말고 그대로 받아들인다. 시간을 갖고 깊이 듣는다. 계속 연결되고 사랑과 존중 속에 머물게 된다. 상대의 비판에서 배울 만한 게 있는지 – 어쩌면 처신, 동료의 평가에 대한 반응, 동료의 현재 마음 상태와 관련해서 – 알아본다.

흔히 상황을 개인적으로 받아들이면 상대의 언행에 상처받는다고 생각하기 쉽다. 하지만 '개인적으로 받아들인다'는 타인의 언행을 자신을 찌르는 무기로 쓴다는 뜻일 수도 있다. 이것은 자신을 과대평가할 때는 다른 의미를 갖는다. 뽐내기, 자격이 된다고 느끼기, 성공이나 명예로 인해 거들먹대기. 이것은 분리된 자아가 있지도 않은 성취를 누리는 행태다.

　창의력은 미술, 음악, 무용, 영화, 건축, 과학, 문학 등에서 아름답게 표현된다. 하지만 이런 표현은 아무리 재능 있는 사람이라도 개인에게 국한되는 게 아니다. 이것들은 아이디어나 충동으로 자각 안에 떠올랐다가 지적 활동을 통해 구현되는 형상이다. 예를 들어 멜로디와 가사가 떠오르면 작곡가는 펜이나 악기를 들고 앉아 생각나는 것을 노래로 만든다. 창작물로 유명세를 얻기도 한다. 예술가는 저명 아티스트라는 확고한 정체성을 세울 것이다. 그런데 사실 성취를 누릴 사람, 그 당사자는 없고 멋진 이야기를 하는 것은 자각 속에 나타난 것일 뿐이다. 이것이 창작의 본질이다.

　어떤 기술이나 재능은 당신을 통해 나오지만 그것 자체가 당신은 아니다. 당신이 이것을 개인적으로 받아들여 작품 때문에 특별한 인물로 여긴다면, 그로 인해 개별적인 개인이라는 개념을 강화한다. 하지만 자신을 작품과 동일시하지 않고 즐거운 일로 기뻐하면, 작품은 작가가 모르거나 계획하지 못하는 방식으로 표현된다. 개인적인 습성이 작업을 방해하지 않고, 자신을 통해 생명력이 자유롭게 표현될 열린 통로를 만든다.

　과대평가된 정체성을 확인해주는 특성이나 성공적인 결과에 집착하는 것은 모래성 쌓기와 같다. 사실 이런 분리된 형태를 유지하려면 각고의 노력이 요구된다. 일시적인 것으로 자신을 규정하거나 세상에서 행복을 찾으려 하는 것은, 추락으로 자신을 내모는 짓이다. 삶의 상황이 아무리 근사해도 본질이 아니므로 지속될 수가 없다. 어떻게 해야 될까? 일어나는 상황에서 최대한 즐기되 그게 자기 본모습은 아님을 명심하기를.

끝까지 해낸다

자격지심, 결핍, 오만 같은 정체성은 아주 끈질길 수 있다. 촉수를 자아상의 핵심부 깊이 내리고 평생 활개칠 공산이 크다. 그런 정체성을 해소하려면 시간이 걸린다는 뜻이다.

이런 푸념을 되뇌지 않겠다고 다짐해도 습성의 힘은 강하고 자기도 모르게 다시 그 사연을 믿는다. 당신이 할 일은 살면서 밀려오는 감정을 충만하게 경험하면 된다. 그러면 몰아대는 패턴들이 조금씩 흩어진다.

자신을 분리된 존재로 보게 되는 과정을 상세히 조사해보자. 그리고 이 습관들이 풀려서 없어질 공간을 너그럽게 내주자. 헛된 정체성을 파악할 때마다 기뻐하자 – 이것이 본연으로 맞이하는 자각이니까. 진리를 알려는 의지가 굳건하면 이런 순간이 자꾸 많아진다.

어느 날, 이제 불편했던 마음이 사라진 걸 깨닫는다. 혹은 예전에 감정을 자극하던 것에 기적처럼 다르게 반응하는 걸 알아차린다. 예를 들어 다른 사람들의 기대에 맞추지 않고 '노'라고 말한다. 혹은 창의적인 아이디어를 무시해야 된다고 합리화하지 않고 아이디어가 형상이 되게 한다. 전에 고통이 있던 자리에서 평온한 순간을 발견한다. 또 가끔 뚜렷한 이유 없이 행복한 자신을 발견한다.

자격지심을 버리기 어려우면 마치 '……인 척' 행동해보자. 편협한 생각에서 벗어나 자격지심이나 욕망 없이 충만한 체해본다. 만물을 자신으로 보고 대응한다. 자신이 – 다른 사람들도 – 사랑에 흠뻑 젖어서 사랑이 흘러넘치는 상상을 해보자. 몸과 마음이 어떤 느낌일까? 무슨 생각 – 또는 행동 – 을 할까?

자각하는 매 순간이 중요하다. 형상에서 관심을 돌려 자각에 머물면 된다. 여기 행복의 가능성이 있다. 무無의 세계를 초월해 결여의 고통을 경험하면 무한한 충만감이 드러난다. 자만에 젖은 불꽃은 평범함이라는 마법과 안도 속으로 사라진다. 시간을 두고 진심 어린 관심을 주자. 무가 되겠다는 의지를 가지면 무구한 본성을 발견할 것이다.

왜 지금인가

부족, 욕구, 불충분이라는 익숙한 가짜 친구들이 떠난 후에는 뭐가 올까? 사랑을 찾고 거부하는 데 시간과 힘을 쏟지 않게 되면, 내적 상처를 보듬어야 된다고 느끼지 않게 되면 이제 무엇을 할 것인가?

세상이 아주 달라 보이기 시작할 것이다. 궁금해지겠지. 어떻게 역할을 하지? 뭘 해야 될지 어떻게 알아? 관계에 무슨 일이 생길까? 내 삶에 무슨 일이 벌어질까?

마음으로 분리된 자아를 만들지 않고도 얼마든지 역할을 할 수 있지만, 실제로 경험해봐야 믿을 것이다. 어떻게 하루를 지내는지 살펴보자. 나를 이끌어나가는 듯한 생각을 발견한다. 하지만 생각을 빼버리면 존재의 생명수가 늘 여기 있음을 안다. 먹고 운전하고 청소하고, 웃고 호흡하고 포용한다 – 모든 게 힘들이지 않아도 술술 돌아간다. 누군가와 대화할 때 생기는 일을 떠올려보자. 모든 말을 다 알고 계획해서 입 밖으로 내는가? 본래의 지성에 힘입어 경험이 줄줄 흘러나오는 것이다.

분리된 자아를 만드는 습관이 없어지면, 삶이 존재한다는 걸 알게 된다. 여기 살면서 계속 순응하는 것이다. 통합체인 자신을 알려는 마음이 간절해서, 마음속 푸념에 영향받지 않는다. 동요하던 마음속 공간이 말끔하고, 열려 있다. 생각이 나타난다고 해도 마찬가지다. 생각이 필요할 때는 생각이 떠오른다. 수입과 지출을 맞추거나 식재료를 사서 맛있는 파이를 만들 수 있다. 몸이 움직인다. 자기 아이를 보살핀다. 자기 삶을 책임진다.

순응하는 마음속에서 미지의 세계로 들어간다. 사실 사물은 늘 미지였다. 아무리 살피고 계획해도, 실제로 일어나기 전까지 그 일을 몰랐다. 하지만 이제 당신은 펼쳐짐과 나란히 있다 – 당신이 곧 펼쳐짐이다.

달리 표현하면 자신이 다음 일을 결정하는 게 아니라 일이 그냥 벌어진다. 그렇다고 개성이 사라지지 않는다. 기호, 나이, 성별, 성격은 여전히 남지만 모든 게 가벼워진다. 연극에서 연기하는 것과 똑같다. 분리된 자아로서 배역을 연기하지만, 그게 실제가 아님을 잘 안다.

이제 분리된 정체성을 믿지 않으면, 삶의 환경이 명확해진다. 분리되지 않은 본질의 눈으로 보면 동정심이 생기고 두렵지 않다. 등

식에서 두려움을 빼면, 관계란 상호 욕구 위에 형성된다는 사실에 마음이 열린다. 또 보호하고 고수하기 위해 결정을 내렸음도 알게 된다. 이걸 알아도 상황에 실제로 변화가 생기지 않는다. 하지만 당신이 알 일이 아니다. 총체적인 삶이 모든 걸 완벽하게 처리한다. 개인적인 자아는 필요치 않다.

일단 생각에 내몰리지 않으면 몸이 길잡이가 된다. 신체감각은 변하는 환경에 반응하는 예민한 잣대다. 의심에 빠지면 몸으로 확인해보기를. 어느 순간이라도 온전한 경험에 자신을 열면 구름 속에서 명료함이 나타난다.

아, 그 평온과 기쁨이란! 매 순간 너무도 포근하고 생명이 충만하며, 잠재성이 넘쳐난다. 기쁨과 경이를 맛보게 된다. 무한한 감사가 흐른다. 감정의 앙금 없이 깊이 느낀다. 하지만 그건 자신이 할 일이 아니다. 본모습을 발견하면 모든 게 저절로 드러난다.

1. 자신이 부족한 사람이 아님을 알자. 상처받거나 다치거나, 자격 없는 사람이라는 속삭임은 사실이 아니다. 이런 이야기가 떠오르면 상관하지 말도록. 반복해서 계속 존재하기로 돌아가자.

2. 도움이 되지 않는 행동 방식을 떠올려보자. 부족하다는 느낌이 어떻게 이 패턴들을 몰아가는지 보이는가?

   이런 푸념을 없애고 몸 안에 생기는 감각들을 느껴보자. 숨은 감각들이 나오게 둬야 한다! 깊디깊은 수용으로 이 감각들을 만난다.

3. 자신이 자각하는 것을 인지하고 자각으로 당당히 서자.
   • 어떤 푸념이 자각을 방해하는가?
   • 자각으로 설 때 부족함이 있는가? 이게 진정한 당신이다.

4. 상심, 모욕감, 거부당한 기분이 들면 자신을 옭아맨 푸념에 맞서야 한다. 그게 본모습을 규정하지 않는다는 사실을 명심하도록. 푸념에 흥미를 잃으면 남아 있는 것을 직접적으로 경험한다. 이제 뭐가 생기든 영원으로서 존재하자.

8
관계 안에서 깨어난다

깨달음을 얻었으면 가족과 시간을 보내자. 관계는 실력이 드러나는 장이다. 관계는 분리된 자아라는 개념을 믿고 습성화된 대응이 진실인 양 사는 고통을 강조한다. 또 관계는 행복을 막는 요인들 사이로 보고 포용하라고 조언하는 거울이다. 그래야 본모습인 평온을 알 수 있다.

순수한 본질의 관점에서 보면 관계라는 것은 없다. 존재만 있다. 각각 존재하는 두 사람은 서로 맺은 관계 속에 있는 게 아니다. 하지만 세상에 – 그리고 삶에 – 나타나는 관계라는 형상은 믿을 수 없이 강력하다. 우리는 감정을 경험하고, 감정이 서로를 얼마나 가까워지게 – 또 멀어지게 – 할 수 있는지 알게 된다. 형상의 세계에 함께하면 즐겁다. 또 아무것도 다른 것과 분리되지 않는다는 사실을 깨달으면 형언할 수 없는 온유함과 친밀감만 남는다.

깨닫지 못했을지라도 당신은 이미 분리되지 않는다는 걸 안다. 사랑, 감사, 보살핌, 진정한 우정, 유대감 같은 인간 경험의 핵심에서 본모습을 맛본 적이 있다. 그것은 지역이나 거리를 초월한다. 감동해서 타인을 돕거나 친구에게 인정을 베푼다. 지구 반대편에서 고통받는 사람들을 보면 울음이 터진다. 이런 인간적인 반응은 하나의 마음에서 자발적으로 일어난다.

전략과 역학 관계로 혼란스러워지지 않으면 관계 안에는 사랑이 있다. '타인'을 사랑한다고 할 때 그의 형상이나 습성을 사랑하는 게 아니다. 사실 대부분의 습성은 본래 사랑스럽지 않다.

하지만 형상과 습성화는 실체가 없다는 걸 알면, 무형의 진수가 빛난다. 이것이 본모습의 자연스러운 인식이며, 둘이 만나는 - 그리고 합일로 녹아드는 - 지점이다. 상대가 당신을 완전하거나 온전하다고 느끼게 해주는 게 아니다 - 그것은 분리된 자아의 영역에 속한 개념들이다. 오히려 당신은 이미 '타인'을 포함하는 온전함 자체임을 깨닫는다.

관계에서 왜곡된 믿음들

흔히들 사랑과 욕구를 혼동한다. 자신을 분리된 개체로 보면, 타인과의 관계는 성취, 거부나 외로움에 대한 두려움, 사랑이나 인정이나 통제에 대한 욕구 위에 세워진다. 결국 결여와 불만 속에서 살게 된다. 다른 사람들이 바라는 틀 속에 자신을 가두는 데 열중하거나, 거리 두기와 회피의 달인이 된다. 구멍을 느끼고 메울 방법을 모색하면서 관심이 세상 속으로 끌려가고, 마음은 행동을 - 평가하고 분석하고 반추하는 - 개시한다.

　관계에서는 자신이 만물과 하나가 아닌 독립된 존재라고 믿는 지점에서 문제가 생긴다. 자신의 섬에서 타인에게 자신의 믿음, 두려움, 욕망을 투사한다. '난 결혼해야 해', '난 거부당할까봐 두려워', '가족 모임이 재미있어야 될 텐데', '내 자식들이 성공해야 될 텐데', '당신은 일을 제대로 못해'……

　이런 믿음은 실망만 낳는 기대를 만든다. 원하고 필요할 만한 것을 얻을 방법을 계속 궁리하게 한다.

　그 결과는?

- 다른 사람을 통제하려 애쓰고, 그러지 못하는 걸 알고 분노한다.
- 각종 인간관계에 관련된 사건.
- 누가 누구에게 무슨 짓을 했는지에 관한 끝없는 뒷담화.
- 가족의 분열에 영향받는 무고한 아이들.

세상사에 관심을 쏟으면 행복과 평온은 신기루로 보인다.

　이런 믿음은 풋풋하고 생기 있는 순간이 펼쳐지는 걸 막는다. 형상이 없는 것에 형태를 입히려 한다. 또 감당하기 어려운 감정을 불러일으킨다.

　한 친구는 계속 남편을 힐난하고 자기 아이들에게 언성을 높이면서 겪는 좌절감에 대한 글을 썼다. 그녀는 가족이 해야 되고 하면 안 되는 일이 있다고 믿었다. 또 자신이 실패했다고, 부부 관계가 달라야 된다고 믿었다. 신경이 곤두서서 괴로운 기색이 역력했다. 친구는 이런 믿음을 가진 걸 인식할 수 있었지만, 떨쳐내는 방법을 찾지 못했다.

그녀는 자신이 원한다고 생각하는 것과 실제 상황을 비교한다는 걸 몰랐다. 비교하면 늘 부족하거나 틀리다는 결론이 나게 마련이다. 친구가 몹시 좌절할 만했다!

요즘 자기계발 분야는, 그녀가 유년기의 관계를 치유하려고 당시 경험에서 얻은 믿음을 가족에게 투사한다고 설명한다. 그래서 치유책으로 감정을 다스리는 기술을 제공한다. 이런 접근법은 일시적으로 도움이 되겠지만 문제의 정곡을 찌르지는 못한다.

믿음이 생기는 순간을 자각하고 거기서 관심을 돌리겠다고 선택하면 문제가 제대로 해결된다. 그러면 감정의 반응과 거기 수반되는 신체감각을 사랑으로 맞이하는 ─ 그래서 그냥 두면 된다 ─ 존재의 장에 들어가게 된다. 휘둘리지 말고 깨달음과 사리분별에 마음을 열자.

사실이라고 믿은 것이 관계에서 혼란과 불화를 일으키는가? 알아보려면 조사해보자.

- 이 믿음은 사실인가?
- 실제 벌어지는 일과 일맥상통하는가?
- 이것이 평온과 행복을 만드는가?

이제 믿음을 단순히 머릿속 수다로 보자. 내용에 아무런 관심도 주지 말자. 멈추고 심호흡을 한 다음, 존재로 주의를 되돌려 생기는 감정을 고스란히 경험한다.

마음은 걸핏하면 싸움을 일으킨다. '그이가 쓰레기를 내놓는 게 당연하지!'라고 말한다. 분노를 정당화하는 감정이 끓어오르는 것에 마음을 열면 된다. 그가 쓰레기를 내놔야 된다는 게 사실인가? 아니다. 그것은 어떻게 되어야 마땅하다고 자신이 만든 아이디어이자 주장일 뿐이다. 사실은 그가 그 일을 하지 않는다는 것이다.

이 생각에서 벗어나면 세상이 열린다. 실제로 여기 있는 것을 느낀다! 상황과 그것을 처리할 새로운 방식이 나타난다. 어쩌면 당신이 선뜻 쓰레기를 내놓을 수도 있다 – 거기 비워야 할 쓰레기통이 있으니까. 혹은 그러지 않을 수도 있고. 진정한, 진심 어린 질문을 할 수도 있다. 오래전에 했어야 되는 솔직한 대화가 이루어질 공간이 생기기도 한다. 어떻게 매 순간이 자유를 얻을 기회를 주는지 잘 보도록.

어떤 관계여야 된다는 믿음을 버리면 타인에게 기대하지 않게 된다. 두려움과 자격지심이라는 가리개 없이 분명하게 볼 수 있다. 감정이 – 자신과 타인의 – 생각을 가리지 않게 받아들인다. 안다고 생각한 것을 놓아버리면 무슨 일이 생길지, 자신이 어떻게 반응할지 모르는 미지의 영역에 이른다.

당신은 구구절절한 사연이 없는 순간 속에 새롭게 등장한다. 타인을 처음인 것처럼 보고 느낀다 – 왜냐하면 이 순간은 처음이니까. 막혔던 관계가 새롭게 조명된다. 늘 똑같은 푸념에 붙들리지 않고 자신을 활짝 열면, 인정 많은 마음으로 나아간다. 마음이 지어낸 한계가 무너지고, 새로운 통찰력과 창의적인 대응 방식을 준다. 꽁꽁 얼었던 것이 이제 풀려난다.

대화 중 녹음기를 튼 것처럼 같은 말을 되풀이하거나 반응하는 자신을 발견한다면, 습관이 습성화된 것이다. 진실로 – 하나의 마음인 자각으로 – 되돌아가자. 문제를 일으킨다고 생각되는 바로 앞의 인물을 포함해 모든 형상 속에 깃든 자신에게 되돌아가자. 무기를 내려놓고, 스스로의 경험으로 전쟁을 끝내자. 멈추고 호흡하고, 감정이 그대로 있게 내버려두자.

본질의 심오한 진리를 깨우치는 일은 추상적이지도, 동화 같은 이야기도 아니다. 실질적이고 현실 상황에 직접 적용된다. 통합된 본질의 평온을 조금 맛보았더라도 생명의 물줄기는, 광활한 바다에서 당신이라는 파도는 여전히 몸으로 오고 당신은 세상에서 역할을 한다. 눈앞의 것을 직접 경험하기에 – 이제 복잡한 역학 관계와 믿음에 가려지지 않고 – 훨씬 적극적이 된다. 머릿속에서 살지 않고, 마침내 온전한 인간으로 참되게 산다. 그게 매일의 기적이다.

관계의 세계가 생생해진다. 경험은 너무도 신선하다. 어떻게 행동하고 말할지 전략을 세울 필요가 없다. 적절한 반응이 자연스럽게 나온다. 마음이 활짝 열릴 때까지 반복해서 무한히 사랑하고 좋아하면 된다. 그렇다고 동네북이나 호구가 되지 않는다. 내면에서 움직이는 타고난 지성은 '노'라고 말해야 될 때를 안다. 이제 그만하라고 말해야 될 때를, 떠나야 될 때를 안다. 명료함이 횃불처럼 빛난다.

무익한 생존 전략

사람은 분리된 육신으로서 태어나기도 전에 관계를 맺는다. 자궁에서 자라면서 소리와 스트레스, 어머니의 건강과 라이프스타일에 예민했다. 그러다 가족 속에 태어나 몇 년간 기본욕구를 타인에게 의존해야 했다. 몸에 밴 습관과 성향은 이 초기 관계에서 발생했다 – 관계는 발달에 중요하지만 완전히 성공적이지는 않았다.

부모는 최선을 다하지만 아이는 평가되거나 방치되거나 사랑받지 못했다고 느낄 수 있다. 그러한 경험이 정체성의 일부가 되면, 몇 가지 관계는 복잡할 수밖에 없다. 습성화되지 않은 명료한 자신이 아니라 습성화라는 필름을 통해 자신과 타인을 보게 된다.

성장하면서 자신이 분리된 자아이며, 다른 분리된 자아들과 관계를 맺는다는 거짓 이론을 받아들인다. 두려움과 자격지심에 휘둘리고, 이 불편한 상황을 느끼지 않으려고 다른 사람들에게 투사한다. 또 대인 관계에 전략을 구사해야 된다고 느끼지만, 결국 소외감과 불만만 남는다. 이런 역학 관계는 의식하는 자각의 바깥에서 일어나게 마련이지만, 이런 생각을 하게 된다.

- 난 부족한 사람이야. 그러니까 괜찮다고 느끼려면 주변 사람들이 좋아할 일을 해야 해.

- 외톨이가 되는 건 겁나니까 사람들에게 매달려야 해.
- 계속 통제하려면 밀어붙이고 단호할 필요가 있어.
- 계속 거리를 유지하면 안전할 거야.
- 난 남들에게 내 욕구를 충족시키게 할 권리가 있어.

사람들은 타인에게 다가가거나 멀어지거나 맞선다. 인정과 관계를 얻으려고 다가가거나, 가까워지고 노출되는 게 두려워서 멀어지거나, 지배하고 계속 통제하려고 맞선다. 이 고도로 습성화된 전략은 목표가 되면 마음 편하지만 왜곡된 개념 위에 세워진다. 이 개념은 평온할 수 없는 가짜 분리감을 강화한다.

다들 행복과 평온을 내면이 아닌 외부에서 찾으려고 두리번댄다. 어렸을 때 했던 일이다. 또 주위 사람들 모두 그러고 있다 - 집단적인 꿈속에 살면서 행복은 이 순간 여기 있는 게 아니라고 상상하고, 인간관계에 성공해서 얻기를 바란다.

하지만 어느 시점이 되면 계속 행복을 찾아다니다간 그 행위에 갇힌다는 걸 - 찾는 것을 못 얻는다는 걸 - 깨닫는다. 사실 지속되는 고통과 불만은, 자신이 행복을 타인에게서 얻기를 기다린다는 증거다. 행복이 이미 여기 있다고 생각하지 않는다는 명백한 증거다. 분명 다른 길이 있을 거라고 짐작한다. 다른 길이 있기는 하다.

바깥에서 찾기를 포기하고 관심을 안으로 돌리면 된다. 관계가 욕구를 충족시키고 자신을 온전하게 만들어주고 두려움을 없앤다는 기대를 접자. 이런 이야기들은 자신이 원하는 것이 여기 없다고 믿게 만든다는 점을 명심하자.

그러면 가리개가 벗겨진다. 진실의 눈으로 보면 성취는 경험을 회피해서 이루는 게 아님을 깨닫는다. 성취는 여기, 두려움과 결여의 한복판에 있다.

두려움은 에너지이며, 결여는 구멍이나 가슴 속이나 배 속 응어리로 경험된다. 이런 느낌을 충분히 끌어안으면, 그것들이 자각이나 영원한 현재와 분리되지 않고 완전히 조화를 이룬다. 이런 감정을 경험하는 분리된 실체 따윈 없다는 사실을 알게 된다. 감정은 개인적인 게 아니라 자각 속에 생기는 감각일 뿐이다.

욕구, 두려움, 상실, 거부, 통제, 고립, 갈등은 하나같이 개인적인 정체성의 영역이다. 습성화에서 생겨나 관계에서 끝없이 복잡한 상호작용을 만든다. 하지만 감정을 온전히 접하면 구름이 걷힌다. 인간관계가 바람직하고 기쁜 일이 된다. 모색을 – 갈망과 욕구와 더불어 – 끝낼 가능성은 늘 여기 있다. 언제라도 시작할 수 있다는 걸 알아두길.

관계에서 분리되지 않은 삶

우리는 산중의 수도승처럼 복된 상태에서 살지 않는다. 그렇다, 본질은 경험이 단절 없이, 형상 없이 풀려나가는 것이다. 하지만 이 무한한 통합 안에 형상들이 나타난다. 습관 덩어리인 분리된 정체성의 감옥에서 벗어나면, 일상에서 얼마든지 즐길 수 있다. 세상이 거칠 것 없는 놀이터가 된다. 원하고 얻고 지키는 것을 부적절하게 보기 시작한다. 행동하는 대신 존재한다. 사랑이 거침없이 흐른다. 어떻게 이게 가능할까? 상황마다 사람들에게 어떻게 반응할지 안다. 모르더라도 충동적으로 대처하지 않고, 가만히 있는 것을 겁내지 않고 충분히 반응한다.

정체성이 만든 장벽이 무너지면서 관계가 변한다. 당신이 아들에게 바라는 인생과 아들의 관심사가 어긋나면 갈등이 생긴다. 혹은 오래전의 일로 인해 부모에게 앙금이 남아 지금도 그 감정으로 부모를 대한다. 또는 다른 사람들의 언행에 좌우되는 '……해야 되는' 세계에서 살면서, 기대와 현실이 충돌하면 좌절한다.

이러한 신념 체계를 치우고 바라보면 마음이 열려, 고통을 떨치고 감정의 촉발 없이 관계에 참여하게 된다. 아이의 타고난 취향을 지지하면서 지혜와 사랑으로 지도한다. 부모에게 분노가 아닌 새로운 상호작용으로 다가간다. 상황이 뜻대로 되지 않아도 갈등하지 않고 상황이 펼쳐지는 대로 수용한다. 속을 끓이거나 집착하지 않는다.

진리와 온전함의 관점에서 경험하는 관계는 술술 풀린다. 장애가 생기지 않는다는 말이 아니다. 하지만 열림과 명료한 시각으로 장애를 마주한다. 의견 차가 생기지만, 이제 분리된 정체성을 유지하려고 고집하지 않으니 입장을 가볍게 견지한다. 관계를 해치는 남들에 대한 기대를 넘겨버린다. 상황을 개인적으로 받아들이거나 바로잡을 필요가 없다. 유연하고 열려 있고 호기심이 있어서, 상황에 맞서지 않고 상황에 *따라* 움직인다.

이것은 반응하지 않는다는 뜻이 아니다. 관계는 남은 습성이 파고들기 딱 좋은 토대다. 습성화된 반응이 생기게 마련이고, 그런 경우에는 맞서지 말고 그 안의 진실을 따져보면 된다. 혼란스런 믿음에서 벗어나 몸에서 경험하는 숨은 감정을 열린 마음으로 맞아들이자.

남의 비위를 맞추거나 회피하거나, 맞서거나 통제하려고 갖가지 생각이나 행동을 반복한다면, 습관에 지독하게 사로잡힌 것이다. 뼈아픈 소외감을 경험할 것이다. 습관의 영향력이 해소되게 놔두자. 심신에서 일이 벌어지게 내버려두면 들러붙었던 것들이 빠져나간다. 뭉쳐진 마음이 무한히 열린다. 이제 '타인'과 진정한 친밀감을 누릴 수 있다.

모든 순간은 본모습을 깨우는 문을 제공한다. 익숙한 사람과 교감할 때 새로운 모습으로 실험해보자. 아는 모든 것을, 과거사와 의견과 욕구를 다 잊고 자각하는 존재 안에 머물자. 어떤 방해물도 없이 깊이 듣자. 투명해지고 수용하면서, 내면에서 생기는 깨달음과 반응을 믿자.

필수적인 관계의 기술

관계는 습성에서 해방되게 도우려고 삶에 존재한다. 자유롭고 타인에게 매이지 않고 싶다면, 소통을 발전시키거나 감정을 날려버리라는 전통적인 자기계발 방식을 넘어서야 된다. 관계에서 자기 내면에 생기는 반응을 온전히 살피고 넘어가자. 비난, 투사, 분석, 통제, 수정, 회피, 변화에 대한 소극적인 희망을 갖기도 한다. 하지만 이런 반응을 행동으로 발산하지 말고 탐구하면, 관심이 내면으로 향하고 힘든 상황에서도 경험을 맞이하게 된다.

결국 이런 대응 방식의 기세는 확 꺾인다. 순간의 경험을 맞이하면 관계는 멋대로 추는 춤을 중단한다. 당신이 역할을 하지 않으므로 타인과 되풀이하는 역학 관계가 멈춘다. 새로운 존재 방식에서 큰 자유를 발견할 것이다.

몇 년간 관계 스트레스에 시달린 끝에 이걸 배웠다. 나는 감정과 근심을 배우자와 공유하면 소통이 될 거라고 믿었다. 내가 감정과 신체감각을 먼저 경험하자, 그것들이 '대화'의 필요성과 함께 사라지는 기적이 일어났다. 분노가 빈 공간으로 변했다. 푸념하고 싶은 욕구가 고요로 변했다. 난 확실히 더 친절해졌다.

마음이 만들어낸 푸념은 사그라들었다. 그리고 방해 없이 사랑, 열림, 일상의 기쁨이 들어설 자리가 생겼다.

관계의 주된 성과는 소통을 개선하는 것도, 상충되는 욕구를 조율하는 것도 아니다. 그보다 심오하다. 모든 걸 포용하는 데 마음이 열리면, 믿음에 옥죄이지 않게 된다. 사랑으로 존재하면서 반응을 접할 수 있게 된다.

그러면 관계에서 확인되지 않은 감정 때문에 생기는 소동은 사라진다. 다른 의미도 없고 수용하거나 거부하거나 회피할 은밀한 의도도 없이 상호 소통이 명확해진다. 마음을 열고 필요에 따라 반응한다.

관심을 돌려 순수 존재에 머물면, 생각과 감정이 덜 확고해 보인다. 어떤 반응이든 믿었던 분리된 자아의 간섭 없이 자연스럽고 객관적으로 나온다. 자신과 타인을 구별하는 것이 허상임을 깨닫는다. 분리가 무너지고 진정한 사랑만 남는다. 이것이 가능한 삶의 현실이다.

친밀한 관계

배우자와 맺는 관계는 자각하도록 도와주는 마당이다. 누군가와 종일 같이 생활하면 숨길 수가 없다. 습성화된 성향은 깊이 박혀서 드러날 수밖에 없다.

관심을 내면으로 돌리면 매 순간 선택할 수 있다는 걸 깨닫는다. 습성화된 패턴을 인정하지 않으면, 자신과 어긋나게 살면서 말없이 숨는 게임을 한다. 혹은 평지풍파를 일으키지 않기 위해 진실을 회피하려고 배우자와 부딪친다. 이런 전략은 자신과 관계에서 고통스런 경험을 낳고 분리된 정체성을 공고하게 한다.

장기적인 관계를 이렇게 해나가는 게 워낙 흔해서, 선택 사항 같지가 않지만, 본인의 선택에 달려 있다. 연극을 하기로 무언의 합의를 한 배우자에게 맞장구치지 않는 선택을 할 수도 있다. 현상 유지를 위해 무언의 계약을 깰 수도 있다. 그런 정직성이 위협으로 느껴져도 그럴 수 있다. 계속 자기를 배반하느니 진실한 것이 더 중요해진다.

부인을 중단하고 상황을 그대로 보려고 애쓰면, 관계는 습성이

고스란히 보이는 창이 된다. 푸념과 반응에 붙들려 살지 않고, 진실한 경험을 비출 기회를 얻는다.

이 조사는 자신의 몫이고 마음속에서 일어난다. 물론 부부가 의지가 있으면 얼마든지 공유할 수 있지만. 둘의 역할과 구사한 전략을 훤히 파악하면 상대의 잘못을 찾고 싶어진다. 결국 자신은 빛을 봤으니까. 힐난이 마음에 들어오면, 거기에 빠지지 말자. 자신의 습성화된 습관을 해소하는 데만 집중하도록.

자유를 향한 갈망은 모든 집착 – 배우자에 대한 집착까지도 – 을 꿰뚫어보는 것과 관련되어 있다. 마침내 관계에 잠복한 방식을 확실히 인정하면, 안전지대에서 벗어나고 싶어진다. 이제는 불만스럽거나 상처를 주는 역학 관계에 말려들지 않을 수 있다. 새로운 사람으로, 진실을 알 준비가 된다.

눈을 크게 뜨고 자신과 배우자를 명확히 보면 어떤 일이라도 생길 수 있다. 깊은 수용 안에서 고요해지거나, 두렵더라도 진솔하게 말하기 시작한다. 더 친밀하고 깊이 이해하는 새로운 관계가 되고, 진실하게 나아갈 방법이 명확해진다. 두 사람이 해묵은 습관을 끝내는 것은 자신과 관계를 제한하는 정체성에서 벗어난다는 신호다. 개별적인 존재에 대한 믿음이 사라지고, 자신과 배우자가 경계 없이 순수 존재로 만나는 깊은 인식이 생긴다.

배우자가 진실한 탐구와 친밀한 교감에 흥미를 보이지 않더라도 단념하지 말자. 자신의 마음이 이끄는 길을 가면 된다. 어쨌거나 혼자 가는 길이니까. 머뭇대지 말고 출발하면 모든 게 드러날 것이다.

집착이라는 난제

분리의 세계에서는 집착하기 쉽다. 자신을 분리된 정체성으로 믿으면, 늘 관계를 통해 잘되리라는 희망과 함께 뭔가 빠진 느낌을 받는다.

누군가에게 집착한다면 안전감을 느끼려는 것이다. 배우자가 영원히 곁에 머물기를 (혹은 배우자가 나타나길) 바라고, 자기 아이들이 크지 않기를 바란다. 친지들이 당신이 원하는 대로 하길 바란다. 다른 관계가 되거나 관계가 늘 같기를 바란다. 하지만 현실은 개인의 바람과 상관없다. 그리고 현실과 다른 걸 바라면 괴로워진다. 사실을 직시하자면, 관계의 어떤 면이 본질이기를 바라는 데 집착하는 것은 어리석다.

상사에게 성과를 칭찬받을 거라고 기대했지만 그러지 못했다고 하자. 당신은 인정받는 데 집착하지만 인정받지 못했다. 마음속에서 전전긍긍하고 속상하거나 분노하고 상사의 행동을 비난할 것이다. 또 스트레스를 겪고 동료나 가족에게 불만을 터뜨린다. 이 괴로움은 상사와의 관계에서 특정 결과에 집착하는 데서 생긴다.

독립적인 정체성에 사로잡혀, 어떻게 되어야 한다고 속삭이는 생각을 믿고 심지어 합리화한다. 한편으론 감정을 회피한다. 벌어지는 일에 집착할 때 관계에서 당신은 어떤 상태인가? 겁먹고 욕심내고 불만스럽다.

갈망과 집착은 분리된 자아의 내력, 습관, 성취에 뿌리내린다. 그럴듯해 보여도 '결과에 집착하지 마라'는 말로는 해결되지 않는다.

그보다는 사랑이 넘치는 단호한 조사로 집착을 쫓아내야 한다.

- 집착하는 상태에서는 어떤 경험을 하는가?
- 그 영향력은 무엇인가?
- 두려움이 있는가?
- 집착하는 사람은 누구인가?

이 질문들은 감정에 집착하면, 관심이 분리된 자아라는 믿음에 쏠리는 걸 보여준다. 이 질문들은 굳건한 존재 기반을 보라고 권한다. 참모습 – 마음이 만든 한계 있는 자신이 아닌 – 을 재발견하게 한다. 그러면 관계에서 상대에게 집착하지 않는다. 아무것도 필요하거나 부족하지 않다는 사실을 명확히 알면, 이런 집착은 자연스럽게 해소된다.

'모른다'는 자유를 누리면 다른 사람들의 평가를 걱정하지 않는다. 이제는 사랑과 인정을 받기 위한 전략 따위는 필요 없다. 전에는 집착했지만 이제 자신에게 집중할 것이다. 욕구와 두려움에서 벗어나면, 어떤 관계는 무너지고 어떤 관계는 진실과 명료함 속에서 꽃핀다. 집착하는 성향이 재발해도 반응하지 말고, 명료하고 열린 마음으로 능숙하게 관계를 헤쳐 나가면 된다.

상사와의 문제로 되돌아가보자. 모든 믿음 – 자신이 독립된 자아라는 개념을 포함해서 – 을 떨쳐내고 아무것도 필요 없는, 자각하는 존재의 관점에서 상황을 보자. 치밀어 오른 감정을 그대로 놔둔다. 어떤 상태가 되는가? 칭찬이 필요하다는 푸념에 넘어가지 말기를. 당신은 이미 완전하다는 것을 아니까. 열린 마음으로 상사에게 다가가, 그의 두려움과 기본적인 온전함을 보자. 이제 상사의 변하는 행동에 집착하지 않기에, 거부하지 않고 새로운 소통의 장이 마련된다. 칭찬과 인정이 아닌 일 자체를 위해 일한다. 이제 상황을 궁리하고 말할 필요가 없다. 그 덫에서 풀려나왔다. 당신은 물처럼 흐른다.

잠시만 사람과 상황에 집착하지 않는 자신을 상상해보자. 상황이 생겼다 사라지는 중에 당신은 흔들림 없이 안정적이다. 그렇다고 무관심하다는 말은 아니다. 사실 집착이 사라지면 마침내 본질적이고 습성화되지 않은 사랑에 마음이 열린다. 표면적으로는 '타인'과의 교감을 경험하지만, 실제로는 넘쳐흐르는 통합된 자각에 흘러든다. 만물이 하나임을 알면 자신 – 분리된 자아가 아닌 만물의 핵심인 본모습 – 을 경험한다. 집착과 욕망은 분리를 부추기는 요인이다. 집착을 끊으면 가장 친밀한 존재 상태가 드러난다.

형상의 세계에서 집착은 필연적으로 상실을 만든다. 개인적인 욕구를 충족하느라 바쁜 사이, 만물이 무상하다는 간단한 사실을 간과한다. 나타나는 어떤 형상도 결국 사라지게 마련이며 배우자, 자녀, 부모, 친구, 자신, 재산 역시 마찬가지다.

하지만 정말 집착하지 않는 것이 목표일까? 태어나면서부터 사랑스러운 아이에게 애착을 느끼지 않나? 성적 관계를 맺고 오랜 관계에서 친구가 될 수 있는 배우자에게 애착을 느끼지 않나? 만물이 하나임을 깨닫고 무념 상태에 들더라도 변화와 부재와 상실이 두렵게 마련이다.

주위를 둘러보자. 우리가 접하는 사물과 사람 모두 소멸된다. 어느 시점에서 나타나더라도 사라지고 만다. 그게 형상의 본질이다. 이걸 이해하면 깊은 감정을 느껴도 집착하거나 숨기지 않게 되고…… 자신이 분리되지 않은 걸 알더라도 펼쳐지는 관계 속에서 즐겁다. 이 인식은 사랑을 불러온다.

스스로 고통스러워하거나 극적인 사연을 만들지 않으면, 아무 문제도 없다. 집착에 직접적으로 맞닥뜨려서, 사랑하는 이들을 잃을 두려움을 돌파하자. 그들이 떠나거나 죽으면 물론 상실감을 겪겠지만, 그 감정을 파악해서 생겼다가 사라지게 두면 된다. 마침내 충만하고 열린 마음으로 타인과 어울리게 된다. 사랑이 모든 생명의 비옥한 토양이 된다.

축하만 남는다

모든 관계, 그 안의 모든 상호작용에는 진실의 씨앗이 있다. 마음이 만들어낸 분노하는 감정에서 자유로워지면 큰 잠재력을 가진 우주가 열린다. 살아 있는 존재의 본질은 일상의 소소한 대화부터 친지와의 중요한 관계까지 영향을 미친다. 분리된 자아라고 믿게 만드는 너울을 쓱 벗으면, 두렵지 않고 사랑 많은 존재 방식으로 가는 길이 훤히 드러난다.

존재는 관계를 변화시키고, 변화는 정직한 자기평가에서 시작된다. 욕구, 두려움, 허무에 대한 진실과 그것이 관계에 미치는 영향력을 말해보자. 통제하고 확보하기 위한 미묘한 전략들을 잘 살펴보자.

이제 다른 사람을 비난하거나 상대가 변하기를 기대하지 말자. 평온의 근원은 다른 곳이 아닌 자신 안에 있으니. 사실 모든 습성을 놓아버리면 그게 자신임을 깨닫는다! 관계에서 경험하는 실망과 절망을 해결하는 것이 얼마든지 가능하고 쉽다.

시간이 오래 걸리지도 않고 그저 정체성을 사랑 속에 버리려는 의지만 있으면 된다. 두려움과 결여의 고통이 밀려오면 유의하라는 신호로 이용하면 된다. 조치를 취하기 전에 도피, 집착, 부인하려는 충동을 자각의 불꽃으로 태워버리자. 비교하는 생각이나 오도하는 믿음에 관심을 두지 말자.

습관과 실망감에서 벗어난 당신은 누구인가? 넓고 열려 있고, 현재에 집중하고 온전하며, 유능하고 살아 있는 존재다. 관계에 늘 사랑이 깔려 있다. '타인'과 소통하는 순간을 삶 자체를 끝없이 축하하는 경험으로 삼기를.

1. 관계에 대한 믿음을 펼쳐본다. 가족이 서로 어떻게 대해야 될지 생각해본 적이 있는가? 당신은 배우자나 친구들이 어떤 방식으로 행동하기를 기대하는가? 이런 믿음이 관계에 어떤 영향을 주는가?

2. 출발점이 연대와 사랑이라면 – 두려움, 욕구, 결여가 아니라 – 가장 친밀한 관계에서 당신은 얼마나 다른 모습일까?

3. 익숙한 사람들 – 가족, 동료, 가장 짜증나게 하는 사람들 – 을 새로운 시각으로 보는 실험을 해보자. 그들을 과거사도 없고 정해진 관계 패턴도 없는 처음 만나는 사람이라고 가정하자. 깨닫는 것들에 놀랄 것이다.

4. 소통하는 중에 감정이 촉발되면 반응하거나 감정을 토로하지 말고, 멈추고 침묵하면서 경험에 마음을 열자. 안에서 일어나는 것을 최대한 환영한다.

5. 자신이 무엇 – 혹은 누구 – 에 집착하는가? 행복해지려면 관계에서 무엇이 필요하다고 생각하는가? 단순한 자각으로 관심을 돌리자. 본모습은 이미 온전하고 실현되었음을 깨닫자.

9
자기발견으로 이끄는 질문들

자각하는 존재라는 본모습을 알기 시작하면 이런저런 질문이 생긴다. 이 질문들은 습성의 미망에서 깨어난 호기심 많은 마음에서 나온다. 미지를 발견하기 위해 습관 너머를 볼 준비가 된 마음이다. 창공처럼 트인 멋진 마음이다.

떠오르는 질문들은, 머리로 이해되지 않는 것을 알고자 하는 시도다. 마음은 사물을 파악하려고 연구하는 것으로 작용한다. 하지만 본모습은 사물이 아니라 자각하는 존재 자체의 산 경험이다. 본모습을 마음이 아니라 이미 있는 그대로 의식적으로 존재하는 것으로 안다. 질문을 하면 ─ 그리고 자연스럽게 답이 떠오르도록 허용하면 ─ 생각으로 파악하는 성향이 줄어든다. 답을 찾으려고 애쓰지 말고, 늘 여기 생각하는 마음 바깥에 있는 자신을 경험하면 된다.

마음은 왜곡과 오해를 일으키게 마련이다. 본질에 대한 믿음을 만들어내지만 실제로 경험하는 본질과는 전혀 무관하다. 그 어떤 믿음이나 개념도 본질을 알려주지 못한다. 사과를 먹어보지 않은 사람에게 사과가 어떤 맛인지 설명하려면 어떤 말로도 부족한 것과 비슷하다. 어떻게 하면 사과의 맛을 알까? 한 입 베어 물어 직접 풍미를 경험해야 된다. 마찬가지로 만물과 완전히 평온한 무형의 존재를 알유일한 방법은 경험하는 것뿐이다.

질문은 자신이 믿는 것을 조사해보기를 권한다. 흔히 깨달음을 얻으면 다시는 힘든 감정이 생기지 않는다고 믿는다. (사실이 아니다.) 혹은 마음이 늘 고요할 거라고 기대한다. (역시 사실이 아니다.) 믿음을 인식한 후 '그게 어떤 것인지 나는 안다'에서 '모른다'로 옮겨가자. 선입견에 방해받지 않고 이 순간 펼쳐지는 삶에 마음을 열자. 생기는 상황을 직접 경험하는 것이 해답이다. 또 그것은 언제나 가능하다.

대부분의 경우 제한된 개별적인 개인이라는 관념이 천천히 사라진다. 몸과 마음은 익숙한 것들이 고통을 일으킬지라도 거기에 집착하는 경향이 있다. 그리고 분리라는 개념은 익숙하다. 이 두려움에서 비롯된 존재 방식은 진실을 부인하면서 – 그리고 질문 없는 수용 혹은 체념을 통해 – 무척 공고해진다. 질문하기 시작하는 것은 청신호다.

당신이 듣는 것을 그 순간의 직접적인 경험에 동원해도 좋다. 머릿속에 불이 들어온 듯한 깨달음을 느꼈는지 기억해보자. 수동적으로 가르침을 들으면서 신의 응답을 기다리기를 멈춘 게 언제인지 기억해보자. 습성을 조사하고 늘 여기 있고 늘 평온하다는 진실을 알라는 권유를 존재 전체로 깨달았다. 마음으로 알아내려는 노력이 그치자, 그동안 내면 성찰에 무심했음을 알았다. 이제 본모습이라는 빛을 알 수 있다는 확신이 생겼다.

익숙한 습관을 – 아주 잠시라도 – 떨치면 기분이 어떠할까? 분노나 치욕 같은 살피지 않았던 감정을 제대로 경험한다면? 자신과 타인이 개별적인 존재가 아니라 – 이제 영원한 합일체가 되어 – 생명 자체의 빛을 받는 존재라면? 이러한 질문과 대답은 명료함을 얻을 기회를 가져온다.

자신으로 돌아가는 길이 없는 길에 나타나는 흔한 질문과 오해에 대한 해답이 여기 있다. 읽으면서 내용을 내면에 간직하기 바란다. 섣불리 알지 말자. 경험 안에서 진리를 탐구하는 데 관심을 쏟자. 믿음, 생각, 감정이라는 익숙한 습관을 버리는 데 마음을 열자. 습성화된 형상에서 관심을 돌리면, 만물이 하나임을 직접 알게 된다.

● '나는 분리된 존재가 아니다'라는 말은 무슨 뜻인가요?

이 정곡을 찌르는 문제를 탐구하기 전에, 당신이 누구냐는 질문을 받으면 이름, 성별, 나이, 성격, 내력, 호불호를 밝힌다. 몸이나 사진을 가리키면서 "이게 나예요"라고 말하기도 한다.

습관, 역할, 성향으로 자신을 규정하기도 한다. "난 다른 사람들에게 관심과 인정을 받아야 되는 사람입니다", "난 독립적이라서 사람들에게 아무것도 의존하지 않아요", "난 현모양처예요", "난

대기업 부회장입니다"…… 이런 꼬리표와 정체성은 당신이 독특한 개인이라는 빤한 결론을 내리게 한다.

'분리된 자아인 당신'이라는 개념은 안과 바깥을 만들고, 당신은 여기 있고 세상은 – 당신과 분리되어 – 저기 바깥에 있다고 믿게 한다. 대부분 비슷한 믿음을 갖기에 우리는 수십억 개의 분리된 자아가 모인 세상에 산다고 생각한다. 어느 정도는 사실이다. 별개의 인간으로 살면서 역할을 한다. 이게 아주 정상적으로 보인다, 당신이 겁 없이 질문하기 전까지는.

왜 이런 탐구를 할까? *자신이 분리되어 있다는 믿음이 만족스럽지 않으니까.* 이 믿음은 분명히 뭔가 더 있다는 느낌을 준다.

분리된 존재라는 개념을 의문시하면, 그런 것은 존재하지 않는다는 놀라운 사실을 발견한다. '몸'은 감각 덩어리라는 걸 알게 된다. 눈을 감으면 몸은 어디로 가는가? 자신이 분리된 존재라는 관념을 고수하려면 생각이 필요하다는 걸 깨닫는다. 자신, 자신의 과거와 미래를 생각하지 않을 때 당신은 누구인가?

소위 '나'에 대한 모든 게 일시적이며, 심지어 단기적임을 알게 된다. 모든 게 변하고 모든 게 생각에 좌우된다. 스스로 생각했던 자신이 아니다. 자신이 아니라면, 저기 밖의 분리된 자아로 보이는 타인들도 생각했던 그들이 아니다.

이처럼 자신에 대한 개념이 무너지면 당신은 누구인가?

이런 정체성과 믿음은 사실이 아니므로 없어지게 내버려두면, 깨어 있고 살아 있는 것만 남는다. 그게 바로 당신, 순수 존재다! 마음이 만든 시공간이라는 개념이 없으면 *이것*, 안에 아무것도 없는 자각하는 존재가 있다. 분리될 수 없는 텅 빈 본질을 발견한 것이다. 또 그것은 그 자체이므로 갈등도, 근심도, 얻거나 회피하려는 시도도, 고뇌도 없이 어디서나 경험되는 생명만 있을 뿐이다.

자신이 분리되었다고 믿으면, 삶의 파편을 모으려고 최선을 다한다. 하지만 모든 믿음이 허위임을 터득하면 남는 것은 자신 – 살아 있고 아주 건강하고 완전히 평온한 – 이다. 순간적으로 불편한 감각이 생기더라도 달라질 게 없다. 두려움이 아닌 온전함에서 나오는, 진정하고 충만한 삶은 그렇게 시작된다.

● 내가 생각을 멈춰야 된다고 들었어요. 그게 사실인가요?

순수 존재는 생각이 생기더라도 – 생각은 생기게 마련이다 – 아무 문제가 없다. 생각을 멈춰야 하고 마음이 잠잠해야 된다는 개념은 미신이다. 생각이 생겨서 그걸 없애고 싶다면, 실제 벌어지는 상황에 '노'라고 말하는 것이다. 생각을 없애라고 훈계하는 생각이 관심을 사로잡아버린 거니까!

당신은 있는 그대로의 것이 문제라고 믿기에 여기 있는 본질과 다툰다. 그리고 생각이 잠잠해지길 바라는 마음을 부채질한다. 마음이 고요한 더 나은 미래에 관심을 쏟으면, 지금 여기 있는 풍요로운 삶을 놓치는 것이다. 이것은 지금 여기 – 관심을 존재에 쏟을 기회 – 를 거부하는 짓이다.

자각은 만물의 배경이고, 생각을 포함해 생겨나는 모든 것과 순수한 평온을 이루는 것이 자각의 본질이다. 평온한 존재는 경험을 비교하고, 사고보다 무념 상태를 더 허용하면서 내적 풍경을 지키는 게 아니다. 평온한 존재는 즐거운 경험에 '예스'라고 말하지도, 괴로운 생각에 '노'라고 말하지도 않는다. 그것은 개인의 욕망이 작동되고 순간적으로 순수 존재를 잊을 때 일어나는 상황일 뿐이다.

생각하는 것을 문제로 보면, 생각을 중단하는 것에 대한 질문이 생긴다. 당신은 늘 스스로를 괴롭히는 반복적이고 충동적인 생각에 반응한다. 이 생각들이 마음의 공간에 스며들어 밤잠을 설치게 하고 스트레스와 긴장을 유발한다. 거기서 구제될 방법을 찾고 싶거나, 혹은 자신이 영원하고 고요한 존재임을 알려면 생각을 없애야 된다고 믿을 것이다. 어느 쪽이든 생각을 중단하려고 애쓴다면 당신은 궤도에서 이탈했다.

생각을 중단하려면 그것을 감지해서 없애고 재발하지 않게 단속해야 - 그러면서 평온하고 스트레스 없는 상태를 유지하려 애써야 - 될 것만 같다. 그런데 이런 노력은 오래 지속되지 못한다.

생각이 생기는 것을 문제시하지 말고 기회로 삼으면 된다. 떠오르는 생각을 분리시키자. 흔히 생각이 없어지기를 바라는 생각에 젖어 그걸 없앨 전략을 세운다 - 그러느라 생각과 노력을 더 많이 기울인다.

그러지 말고 생각의 내용을 초월해서 호기심을 갖자. 거기서 물러나 질문한다. '생각이라는 게 뭐지? 어디서 나왔을까? 이게 떠나면 어디로 갈까?' 아무 생각이든 발생 지점으로 따라가면 거기에 순수한 자각이 있다. 순수한 자각은 생각에서 벗어난 고요한 존재 기반이고, 생각이 일어나도 방해받지 않는다.

생각에 대한 진정한 해결책은, 생각을 멈추어야 된다고 생각하는 장본인 역시 하나의 생각임을 깨닫는 것이다. 당신은 누구인가? 당신은 당신의 몸인가, 당신의 생각인가? 존재에서 일시적으로 나타나는 것들이 있다. 생각이 일어나도 걱정하지 말고, 만물의 본질인 자신이 온전하고 살아 있으며 평온하다는 걸 알기를.

관심이 그 원천인 사랑이 넘치는 존재로 녹아들게 하자. 그러면 나타나는 생각은 저녁 하늘에 떠가는 구름 조각과 다름없음을 알게 된다. 또 본질이 영원하다는 사실을 이해하면, 생각에 – 혹은 말이나 소리에도 – 시간이 형성되지 않는다. 분리되지 않은 순수하고 고요한 존재에 관심을 두면, 생각과 관련된 어떠한 걱정도 사라진다.

● 내가 하는 짓이 못마땅해요. 나쁜 습관이 날 불행하게 만들죠. 나 자신을 개선하거나 바꿔야 하지 않을까요?

개인적인 불행은 진정한 평온의 지속을 모색하는 불꽃을 일으킨다. 누구나 행복해지는 법을 알고 싶다. 자신의 싫은 부분과 삶에 도움이 되지 않는 점을 개선하고 싶은 것도 이해된다.

하지만 여기 문제가 있다. 자기계발이라는 접근 방식은 장차 되고 싶은 더 나은 존재라는 개념을 심어준다. 개선된다는 개념은 자신이 – 그리고 현재의 현실이 – 불충분하다는 걸 전제로 한다. 자신이 개별적인 존재라는 기본적인 오해가 깔려 있다. 이 관점에서 보면, 만족하거나 성취감을 누릴 수 없다.

이 자격지심은, 자신을 온전하게 만들 요소가 결여되었다고 가정한다. 거기서 자신의 온전함을 못 보게 한다. 더 나은 미래를 상상하도록 유도하면서 현재는 불충분하다는 믿음에 빠뜨린다. 개선할 필요가 있다고 생각한다면, 비교하고 평가하고 계획하고 소망하는 생각에 사로잡힌 것이다. 이것은 계속 뭔가를 찾게 하는 생각의 타래이며, 자기계발 분야의 토대다. 이런 방식으로는 행복을 찾지 못한다. 엉뚱한 곳을 보는데 어떻게 찾을까.

자격지심과 더 나은 미래에 대한 희망이 일어나면, 생각의 패턴에 사로잡혔다는 걸 알자. 희망과 '고쳐야 된다'는 조언에 놀아나지 말자. 모든 생각을 바람 속의 나뭇잎처럼 떠가게 내버려두자. 생각에 의미를 부여하지 않고서도 당신은 이미 평온하게 여기 있음을 인식하자. 행복을 발견하려고 1밀리미터도 움직일 필요가 없다.

자기계발이라는 불가능한 과제에 매달리지 말고, 자신이 이미 완전하다는 사실을 깨닫자. 자신이 부족하고 고쳐야 된다는 믿음을 버리면, 큰 안도감이 밀려든다. 그런 믿음이 무수한 괴로움을 일으킨다!

그러면 충만하고 명료한 이곳에서 변화가 일어날 테지만, 분리된 자아라는 허상을 고치기 위해서가 아니다. 삶의 환경을 조정하고, 두려움이라는 제약 없이 자신을 표현하기 시작하는 게 자연스러워진다. 그리고 열린 마음으로 관계에 임한다. 행동이 변하면 강박적인 습관 너머의 추진력이 의식된다. 혹은 온전한 합일체인 본모습을 알았으니 삶의 선택을 할 준비가 되었음을 알게 된다.

이런 아이러니가 있다. 삶에서 어떻게 느끼는지, 어떻게 역할을 하는지는 개선되지만, 허상인 분리된 자아의 계발을 통해서가 아니다. 모든 생각과 감정이 일어나는 자각이라는 토대에 관심을 두자. 그러면 아이러니하게도 분리된 자아를 계발하려고 안간힘을 쓰지 않아도 상황이 저절로 개선된다. 어느 순간에도 어울리는 길을 쉽게 찾으면서 '와'라고 감탄하게 될 것이다.

자신이 사랑 많은 존재임을 알면, 찾거나 모색할 필요가 없다. 발견하거나 고칠 필요도 없다. 그런 성향을 포기하면 자신이 늘 여기 깨어서 살아 있음을 터득한다. 이미 연꽃 속에서 보석을 발견했다.

● 어떻게 하면 사물을 있는 그대로 받아들이나요? 나 자신을 받아들이기가 어렵고, 어떤 상황은 받아들일 수가 없는 걸요

형상 없는 순수한 존재는 본질상 받아들이지 못할 게 없다. 이것이 예외 없는 만물의 근원이다. 당신은 거기서 비켜날 수 없다. 만물이 당신이니까! 이것이 합일, 분리되지 않은 의식, 절대 진리다. 이 자각으로 든든히 자리잡으면 수용의 문제는 생기지도 못한다.

경험으로 확인해보자. 자각하는 데로 관심을 옮긴다. 생각이나 신체감각이 감지되겠지만 이 자각하는 자리에서는 문제되지 않는다 ― 그것을 수용할 수 있는지 아닌지 하는 갈등이 없다. 생각이나 감각이 여기 있을 뿐이다.

사물을 수용할까 말까 하는 문제는 마음에서, 자신이 개선이 필요한 분리된 자아라는 개념에서 생겨난다. 이 관점에서 보면 수용이냐 거부냐라는 양자 선택이 있는 듯 보인다. '그래, 이렇구나'라고 수용하거나 '아니, 이게 아니면 좋겠어'라고 거부할 수 있다. 수용하면 본질이라는 진실과 함께하고, 본질은 이미 받아들이고 있다. 또 개인적인 욕망이 나타나면 그것을 삶에 굴복시킨다. 거부는 싸우고 피하고 여기 있는 것을 부인해서 제한된 자아라는 개념을 강화한다.

수용은 현실을 열렬히 포용하는 것이다. 수용은 수동적이 아니고, 힘든 감정에 빠져 체념하거나 못 견딜 환경을 만들지 않는다. 습관과 상황이 바뀌지 않는다는 뜻이 아니다. 상처받아 해를 끼치는 행동을 용납한다는 뜻도 아니다. 수용은 '아니'라고 말하는 것을 막지 않는다.

수용 – 단순하게 존재하는 것 – 은 현실을 그대로 받아들이는 일이다. 그저 '아, 이거네. 지금은 이렇구나'라고 말한다. 거부하는 마음의 활동에서 마음을 돌려 순간의 진실을 보여준다. 실제 경험을 거부하지 못하게 한다.

자기도 모르게 현실과 씨름 중이라면, 상황이 지금과 달라야 된다고 생각하라고 마음이 유혹하고 있다. 마음은 더 날씬하거나 더 성공해야 된다고 설득한다. 뉴스에 나오는 일들이 일어나면 안 되었다거나, 승진에서 배제되지 말았어야 된다고 속삭인다.

그렇다, 부당하고 이해되지 않는 일들이 벌어진다. 또 식습관을 싹 바꾸고 싶을 것이다. 하지만 실제 상황을 수용하지 않으면 평온이 아닌 거부가 생긴다. 불수용은 내적 분열을 일으키고, 결국 좌절감, 무력감, 갈등이 남는다. 현실이 달라져야 된다는 푸념에 젖어 살면, 지금 여기서 완벽하게 평온한 자각하는 존재에 관심을 두지 못한다. 그러나 깊은 행복에 관심이 있다면 어떻게 마음이 거부하는지 조사해보려 할 것이다. 그래서 마음을 그대로 두면서 자신을 되찾아 평온을 맛볼 것이다.

불수용은 일상의 허다한 상황에 스며든다. 먼저 스트레스와 불만이 감지된다. 그러면 힘든 하루를 보냈다거나 인생이 이러면 안 된다고 결론짓는다. 직접적인 경험을 살펴보면, 실제 상황에 맞서 수축하는 신체감각을 인식할 것이다.

어떻게 해야 수용 속에서 살 수 있을까? 현재 경험에서 한눈팔게 하는 믿음을 버려야 된다. 이래야 되고 저러면 안 된다는 생각을 곱씹지 않으면 어떤 느낌이 드는가? 몸에 어떤 감각이 있는가? 자각의 장에서 느낌과 감각을 흠뻑 접하면, 그것들이 부채질하는 푸념이 생기지 않는다.

거부하려는 노력을 중단하고 사물을 그대로 보면 안도감을 느낄 것이다. 또 마음으로 거부하면서 회피하던 불편한 감정을 자각하게 되기도 하고, 이것이 진지한 조사를 끌어낸다. 이게 사랑을 향한, 사랑에 젖는 행보다.

거부라는 장막을 벗기면 현명한 행동의 장이 마련된다. 거부는 창의성을 차단하고 마음을 휘휘 돌게 만든다. 최선의 해결책을 찾지 못하게, 가장 효율적으로 변하지 못하게 막는다. 하지만 여기 있는 것을 깊이 수용하면 만물과 완벽하게 조화되는 무궁한 가능성에 접어든다.

● 이 책의 조언에 따르려고 애썼지만 잘되지 않았어요

이 말은 비교하고 기대하고 상상하는 마음의 산물이다. 노력이 부족하다거나 제대로 못한다는 뜻이 아니다. 기대하는 행복의 모습과 감정이 실제 경험과 다르다는 뜻이다. 또 시간 속에서 형상들의 관계에 대한 말이기도 하다. '당신의 조언을 실행하면 난 평온해야겠지요.' 이런 말은 본질의 모습이 아니다.

맞다, 물론 기분이 나아지기를 바란다. 하지만 이런 생각은 계속 마음을 끌어들이고, 현재 만물의 핵심에 있는 평온하고 자각하는 존재를 못 보게 한다. 깨달음은 어떤 것인지, 깨달은 후의 삶이 어떨지 상상하는 것은 본질 위로 떠오르는 생각에 불과하다. 자각하는 경험으로 관심을 조금만 움직이면, 추구하는 모든 게 드러난다.

이 책은 본모습을 찾게 도와주는 도구와 수행을 제안한다. 예컨대 습관을 구성하는 생각과 감정을 의식적으로 생각하자. 그러면 습관에 사로잡히는 순간, 더 잘 의식할 수 있다. 또는 의도적으로 관심을 생각에서 몸으로, 자각 자체로 옮기자……. 당신을 변화시키려고 이런 조언을 하는 게 아니다. 변할 '당신'은 원래 없으니까. 그저 경험을 의식하면 늘 알 수 있지만 지나쳐버리는 것 – 순수한 평온, 이 순간의 본질 – 을 일러줄 뿐이다.

자각하는 존재는 그저 존재하고 끝없이 여기 있다. 그것은 행복이 지속될지 아닐지, 다음 순간에 무엇에 사로잡힐지, 자유로울지 걱정하지 않는다. 스트레스를 주는 생각이나 감정이 나타날지 염려하지 않는다. 이런 근심은 마음에 휘둘린다는 신호다. 존재는 그 자체로 늘 풍성하고 완전하며 거기서 생기는 어떤 것과도 평온하다. 자각하는 존재는 오직 지금의 자유에 관심 있다 – 오직 지금만 존재하므로.

수행이 '효과'가 있을까? 물러서서 경험을 판단하는 것은 마음이다.

하지만 습성을 풀어버리려면 시간이 필요하다. 습성은 거듭 나타나 당신을 붙들고, 초기에는 자주 그런다. 하지만 반응하는 패턴이 몇 번 생기느냐는 중요하지 않다. 그때마다 자신이 평온임을 알 수 있는 기회니까. 가능한 모든 방식으로 온 생명을 자유 쪽으로 돌리자. 그런 열의가 습관의 힘을 꺾고, 매번 느긋함과 공간을 만들어낸다. 결국 패턴에 빠지려는 유혹을 살짝 경험하겠지만, 충분히 자각하니 평온으로서 뿌리를 내릴 수 있다.

● **수행의 효과를 결정하는 것은 마음이네요. 그런데 수행이 도움이 될까요?**

그렇다, 한동안 수행이 도움이 될 수 있다. 혹은 단순히 즐거워서 지속하기도 한다. 시간을 내서 조용히 앉아 가만히 있으면 도움이 되고, 이것을 명상이라고 한다. 이 수행은 무한한 평온인 본모습에 있도록 이끈다. 자신을 규정한 익숙한 정신적·감정적 습관을 끊게 도와준다.

명상은 경험의 무한한 흐름 속에서 단순하게 자각하는 것이다.

듣고 느끼고 감지하는 것들이 생겨나 존재와 분리될 수 없다는 걸 알게 된다. 푸넘에서 빠져나와, 반응하고 싶은 충동을 경험하면서 자각으로서 유지할 수 있다. 결국 명상이 스스로 행하는 일이 아닌, 애쓰지 않고 본모습으로 존재하는 것임을 깨닫는다.

의식적으로 있는 그대로 존재하는 수행은 내 여정에서 큰 도움이 되었다. 일단 습성화된 습관의 구조를 파악하자 어떤 반응이든 거부하는 것을 중단했다. 뒤엉킨 감정을 느낄 때마다 소파에 앉아, 감정을 푸넘이 되지 않고 지나갈 수용의 공간으로 옮겼다. 반복해서 격한 감정이 주로 신체감각으로 일어났고, 난 '예스!'라고 말했다. 생기는 일이 일어나게 허용했다. 몸과 마음의 그늘에서 모든 것을 맞아들이자 내면의 벽이 무너졌다. 그러느라 소파에서 긴 시간을 보낸 건 두말하면 잔소리! 시간이 지나면서 습관이 수월하게 사라지는 걸 감지했다. 마음이 깨닫기 시작하기도 전에 벌써 가뿐하고 행복했다.

행복과 자유를 얻으려면 끌리는 일과 즐거운 일을 하도록. 깨닫게 도와주는 영성 관련 서적을 읽거나, 종교 수련에 참여하거나, 관심사가 비슷한 이들과 어울려도 좋다. 요가 같은 조용한 수행, 자연 속에서 걷기, 일상생활에서 의식적으로 자각하기는 관심을 지금으로 돌리는 데 도움이 된다. 또 거기서 나와 세상에 들어가, 거침없이 열정을 추구할 수도 있다.

뭐든 당연시하는 것을 의식적으로 멈추고, 자신이 충만하며 살아 있음을 알자. 정신적·감정적 혼란에 갇힌 상태에서 관심을 돌려, 새로운 눈과 열린 마음으로 모든 사람과 사물을 바라보자. 그 모든 것인 자신의 가능성을 펼치면서 감사, 놀라움, 경이감을 의식하자. 그 모든 것이 당신이다!

몇 분이라도 사물을 있는 그대로 응시하면 본모습이 보인다.

수행을 하려면 이 모순을 알아두기를. 겉보기에는 더 행복하게 하는 전략이나 기술을 동원하는 것 같다. 하지만 실제로는 자신이 누구인지 더 자주 의식한다. 더 평온해지거나 고민이 사라지는 것 같아도, 자신은 어디 가지도 않고 뭐가 되지도 않을 것이다. 당신의 길은 그보다 훨씬 혁신적이다 – 이것은 자신이 분리된 존재라는 관념을 끝내는 일이다. 늘 평온하고 자각했음을 깨닫는다. 이것은 어느 장소에 존재하는 것도 아니고 그 장소가 어딘가에 있는 것도 아니다. 지금, 여기, 시간과 무관하게 존재하는 것이다.

이런 수행이 효과를 발휘하게 하자. 수행이 분리된 자아를 녹여, 자신이 추구하는 행복 자체임을 알게 해준다. 무한한 열린 마음속으로 녹아들어 모든 것이 하나라는 향기로운 경험에 빠지고, 시시하고 평범해 보이는 일상의 경이에 사로잡힐 것이다. 또 아무것도 감지하지 못해도, 어느 날 아침 깨면서 진정한 평온과 행복을 깨달을 것이다.

수행은 행위의 요소를 담고 있다. 결국 수행은 완결될 필요가 없고, 우리는 수행을 계속하거나 중단할 뿐이다. 온갖 형상을 가진 세상과 행복하게 소통할 때, 마음이 내게 더 많이 명상하라고 말한 적이 있다. 내가 명상해야 된다고 생각한 사람은 누구일까? 수행을 하기로 - 혹은 안 하기로 - 선택할 때 생각에 끌려다니지 말자. 진실이 스스로 내는 소리에 귀를 기울이자. 자신이 원하는 것 안으로 들어가서 본연의 지혜에 따르자. 부처의 말처럼 머리털에 불붙은 듯이 수행하는 사람도 있다. 애쓰지 않고 만족하는 사람도 있고, 그 중간인 사람도 있다. 결국 이것은 진짜 중요한 게 아니다. 당신은 충만하고 온전하게 여기 있다.

● 이 책은 몸과 신체감각에 대해 많이 말합니다. 왜 그게 그렇게 중요한가요?

신체감각은 본모습을 아는 중요한 출구다. 의식하지 않으면 자각 밖에서 습관과 성향이 활개친다. 또 생각에 - 고심하고 걱정하고, 뭔지 알아내려 애쓰고 - 사로잡히기 십상이다. 우리가 통합된 경험의 극히 일부분인 걸 모른다.

실제 일어나는 일을 자각할 때 마음의 푸념과 신체감각이 자각에 떠오르는 양상을 살펴보았다. 이 푸념은 벌어지는 일에 *대한* 생각 덩어리일 뿐 깊은 평온을 제시하지 못한다. 모습을 발견하려면, 마음 바깥으로 눈을 돌려 직접 경험해야 한다.

신체감각을 무시하고 넘어가기 쉽지만, 이 감각은 습성화된 습관이 나타나는 첫 신호다. 행복을 막는 요소가 무엇이든 - 인정 욕구, 끝없는 불평, 통제 불가능한 감정 - 경험을 추적해서 출발점으로 가보면, 거기에 신체의 수축이 있다. 하지만 과하게 생각하고 느끼고 행동하면 엉뚱한 데로 빠진다.

습관의 구조를 익히면 저변의 감각을 감지할 수 있다. 그러면 자각 속에 있으면서, 감각이 나타날 수 있는 넓고 사랑이 넘치는 공간이 마련된다. 감각이 나타나든 말든 집착하지도, 불편하다고 모른 체하지도 않게 된다. 이것은 신성한 수행이고, 이를 통해 정신적·감정적 습관이 해소된다.

인간은 육체로 태어나므로, 주변 사람들과 사물에 보이는 첫 반응은 신체감각이다. 영아들은 사고력이 없지만 오감을 느낀다. 욕구가 충족되고 안전과 애정을 느끼면, 몸이 이완되어 유지된다. 하지만 안전에 위협이 가해지면 몸이 수축한다.

이런 수축을 살펴보고 해결하지 않고 넘겨버리기 때문에, 수축이 쌓인다. 나이 들어 강박적인 생각이 활개치고, 불편한 감정을 회피하는 데 도움이 되는 도구를 제공한다.

하지만 신체감각을 거부하지 않고 인식하면, 그 자체는 아무 의미가 없다는 걸 안다. 감각은 무엇인가? 아무것도 아니다 – 본인이 꼬리표를 붙이고 푸념거리를 만들지만 않으면. 이보다 자유로울 수 없다.

신체감각에 유의하기 시작하면 온 세상이 열린다. 어떤 이들은 몸이 둔감해서 감각을 경험하는 줄도 모른다. 장기간 회피한 감각 덩어리를 느끼는 사람들도 있다. 진정한 행복에 대한 열망을 안고, 마침내 이 살피지 않아 굳어버린 감각을 존재에 맞이한다. 푸념으로 의미를 부여하지 않고, 그 순간 맞아들이면 감각은 해소된다.

본질상 육체라는 사물은 없다. 눈을 감고 거기에 있는 것을 감지해보면, 몸은 보고 꼬리표를 붙여야만 존재하는 걸 알게 된다. 감각이 존재에 나타나는 것에 불과하다.

의식하는 자각의 입장에서 감각을 경험하면, 그것의 본질을 깨닫는다 – 무의미하고 힘없는 순간에 일어나는 현상일 뿐이다. 또 자각을 영원한 것으로 알면, 자각이 일어난다는 말조차 옳지 않다. 일어날 시간 따윈 없으니. 이제 시간의 경계가 없는 영원만 있으므로 놀랍도록 잠잠하다.

푸념하지 말고 신체감각에 주목하자. 그런 다음 감각이 일어나는 자각을 존재하게 하자. 생각과 언어 감각을 놓아버리고, 자신이 자유롭다는 걸 알자.

● **나는 통찰력이 생기기를 기다리고 있어요. 그게 필요하지 않나요?**

정신세계를 오래 공부한 사람은 자신이 자각하는 존재임을 알려고 온갖 논리를 동원한다. '통찰력이 필요하다', '빛을 봐야 된다', '연간 다섯 차례씩 기도에 참여해야 된다', '하루 한 시간씩 명상해야 된다'……고 자신에게 말할 것이다.

호기심 많은 마음이 하는 이런 멋진 상상은 본질과 무관하다. 사실 이런 상상은 어떻게 되어야 본모습을 깨달을 수 있다는 믿음만 부채질한다. 또 지금 일어나는 일, 바로 여기 존재하는 것을 간과하고 마음에 얽매이도록 한다.

통찰력이나 특별한 경험이 없어도 본모습을 알 수 있다. 비록 마음이 모르더라도 우린 현재 본모습을 살고 있으니까. 본모습이 따로 있는 게 아니니. 지금 이 순간, 당신이 찾는 바로 그것이 당신이다. 분리되지 않은 의식, 자신과 완벽하게 평온한 무한한 무형의 존재.

대단한 이해가 자각 안에 떠오르기를 기다린다면, 이미 자신이 본질임을 지식으로 알고 싶다는 증거다. 앞으로의 경험을 기다리거나 깨달음을 논리적으로 이해하려 애쓴다면 그 바람을 이루지 못할 것이다.

바라볼 곳은 마음의 바깥이지 마음속이 아니다. 지금이라는 텅 빈 경험을 직시해야 한다. 이것은 자각하며 존재하는 순수 경험을 응시한다는 뜻이다. 현실인 형상을 찾으려고 애쓰는 '당신'은 없다. 추구하는 것이 아직 여기 없다고 생각한다면, 마음은 다시 시간 개념을 만든다. 또 미래에 그것을 찾을 거라는 속삭임에 넘어간다. 이런 식으로 원래 모든 것이 하나인 경계 없는 생명이 분리된다 – 당신과 당신이 찾는 대상으로. 이것을 중단하라는 신호로 받아들이자. 모든 믿음이 거짓임을 알면, 그것들은 와르르 무너진다. 거기 남는 만족감을 경험하기를.

이미 여기 있는 것을 찾기 위해서는 아무것도 – 통찰력도, 특별한 경험도 – 필요치 않다. 당신이 이미 그것이니!

또 광활한 내면에서 이따금 환상적인 경험이 생긴다. 무한한 기쁨이나 일체감 속으로 녹아든다. 삶의 순수한 전율을 경험하기도 한다. 상상 못할 만큼 친밀하게 어디서나 사랑을 만난다. 이런 경험은 진리를 담고 있지만, 생겼다 사라진다면 그것들 역시 자각 안에 떠오르는 일시적인 현상일 뿐이다. 그것들이 사라질 때 부여잡고 싶다면, 마음이 흐르는 삶과 충돌하는 분리된 자아를 만들어낸 것이다. 본질의 허상에 집착하는 꼴이다.

괴로움의 끝은 경험이 아니라 모든 것이 자신이라는 깨달음이다. 당신은 믿음과 감정에 국한되지 않는다 – 어디서나 무한한 잠재력으로 흘러넘친다. 생생한 경험이 찾아왔다가 사라지면 그것을 되찾으려 하지 말자. 그냥 가게 내버려두고, 그 향기에 젖어 지금 여기 있자. 발견하고 싶은 것은 어디에나 있다 – 바로 이 순간, 평범한 일상 속에도.

자신을 모든 믿음을 초월해 늘 있었던 인물 안으로 확장시키자. 당신이 찾고 있는 보석은 당신 자신이니.

본질의 진면목을 곰곰이 따지면 궁금증이 훨씬 더 많아진다. 진정한 질문을 찾아서, 아무것도 모르고 경험하지 않은 채 질문을 던지기를. 그러고 나서 마음이 아니라 진리의 빛에 귀 기울이기를. 거기에 모든 질문의 해답이 있으니. 할 일은 하나, 기쁨을 따라가며 이제 행복해지는 일.

1. 마음에 떠오르는 질문을 생각한다. 질문이 진실에 대한 당신의 이해와 직접 경험을 깊게 해주는가? 아니면 마음을 혼란스럽게 만드는가?

2. 질문을 한다는 것은 당신이 답을 모른다는 의미다. 답을 모르는 채 답이 다가오게 둘 수 있는가?

3. 어떻게 하면 경험에 – 떠오르는 삶에 – '예스!'라고 더 완전하게 말할 수 있을까?

10
당신은 지금 여기 있다

이쯤 되면 자신을 한계 있는 분리된 존재라고 믿는 함정에서 빠져나와 사는 기분이 어떠할지 궁금할 것이다. 그런데 당신은 이미 그렇게 살고 있다. 이제 영원한 존재로서 삶의 물결이 계속 흘러간다. 삶은 무수한 방식으로 스스로 표현하는 잠재력을 발휘한다. 당신은 숨을 쉬고 움직이고, 듣고 말한다. 몸은 역할을 하고, 그 자체가 기적 같다. 당신이 분리의 감옥에 갇히든 아니든 삶은 자연스럽게 일어나고 있다.

이것은 분명하고 놀랍다! 별개 존재로 살 – 스스로 보호하거나 방어할 – 필요가 없다는 걸 깨달으면, 자연스러운 반응이 저절로 나온다. 이것은 두려움이나 욕망에서 비롯된 반응보다 더 진솔하고 적절하다. 자신의 내면에 구멍이 없다는 걸 – 자신이 상처받지도, 부족하지도 않은 걸 – 깨닫는다. 다음과 같이 느낄 필요가 없다.

- 자신을 긍정적으로 드러내야 한다.
- 자신을 안전하게 지켜야 한다.
- 옳아야 한다.
- 실수를 걱정해야 한다.

통제할 필요가 없다. 그래도 온전히 살아 있고, 현실에 능력을 발휘하며, 감수성이 예민하고 예리하다. 또 모든 게 딱 좋다.

이렇게 해소되는 걸 의식하면서 살면, 몸과 마음을 전체의 일부로 경험한다. 이제는 계발해야 될 분리된 자아를 챙길 필요가 없다. '물결을 타고 가는' 게 아니라 당신이 문자 그대로 물결이다. 삶이 존재한다. 단순하게 일어난다. 그리고 얼마든지 세상에서 열심히, 그러나 집착하지 않고 살 수 있다.

오랜 사고 패턴, 감정, 성향이 나타나면 – 그렇게 마련이다 – 피하거나 거기에 빠지지 말자. 이런 습성화된 반응은 자각에 나타나는 망상임을 알지 않는가. 그것들을 자각하고 느끼고, 이 경험에서 무엇이 진실인지 깨닫자. 이런 순간을 존재와 평온을 재발견하는 기회로 삼기를.

여전히 마음에 공감하는 부분에서는 불쾌한 경험을 할 것이다.

- 내가 목표를 달성하고 있는가?
- 계획대로 되지 않았어.
- 인간관계가 만족스럽지 않아.

- 삶의 목적을 못 찾겠어.
- 행복하지 않아.
- 습관에 사로잡혔어.

이런 생각이 자신을 규정하면, 혼란과 고통을 겪는다.

순수 존재를 인식하고 사랑, 평온, 행복을 끌어안으면, 삶이 자연스럽게 단순해진다. 그러면 이 장의 나머지 부분을 읽으면서 이미 아는 것을 즐길 것이다. 하지만 여전히 분리된 자아라는 관념을 깨는 중이라면, 경험하는 것을 낱낱이 조사하자. 그래야 진실을 발견할 수 있다.

유연한 존재

습성화된 마음은 융통성이 없고 반복적이다. 그런 마음이 자리를 잡으면 독창적인 반응은 사라지고, 기계적으로 움직이면서 습관을 반복한다. 반송장이 따로 없다.

한 친구는 문제를 해결하려고 애쓰는 성향에 빠졌다고 말했다. 그녀의 마음은 다른 사람들이 더 행복하고 건강하고 잘 적응하기 위해 하는 일에 민감하다. 그래서 이 아이디어들을 (뒤죽박죽인 견해에) 쉴 새 없이 주입한다. 그녀는 이 해결하려는 습관에 사로잡혀, 상황에 맞게 최선의 반응을 할 방법을 찾지 못한다.

나는 이 성향을 습관이라고 지적하면서, 관심을 갖지 말라고 조언했다. 이것이 친구에게 가능성의 세계를 열어주었다! 그녀는 듣거나 공감하거나, 아무것도 하지 않아도 된다는 걸 깨달았다. 충동과 감정이 떠오르면 마음으로 해석하지 않고, 주시하거나 상황을 있는 그대로 접할 수 있음을 알았다.

습관을 놓아버리면, 분리되지 않은 온전한 자신과 더 통합될 수 있다. 누군가와 자신을 동일시하려는 데서 놓여난 마음은 무한히 유연하다. 새로운 순간을 누릴 수 있고, 습관이나 기대, 과거나 미래의 제약에서 벗어난 가능성이 열린다.

고통에 대한 감수성이 점점 예리해진다. 이전에 정상으로 여긴 일들이 몹시 고통스러워지지만 그 고통은 자신을 일깨운다. 이제 벌레를 죽이는 일, 자신이나 타인에게 매몰차게 말하는 일, 남을 험담하거나 정직하지 않은 행동이 비정상으로 느껴진다. 예전처럼 반응할 수가 없고, 그래서 순간에 일어나는 자연스러운 반응에 스스로 놀란다. 사물을 분리해서 받아들이지 않고, 그것이 모든 걸 바꾼다.

본모습답게 행동하기만 하면 완강한 마음을 깰 수 있다. 온전한 사람인 듯, 과거의 고통에서 벗어난 사람인 듯, 스스로 상상하는 것보다 큰 사람인 듯 행동해보자. 분리되지 않은 눈으로 보면 모든 것이 자신이다. 이런 실험은 분리라는 망상을 만드는 습관과 믿음 체계를 뒤흔들고, 매일 존재하는 삶을 보게 해준다.

두려움을 발견하다

이렇게 사는 것은 영적이거나 다른 세상의 이야기가 아니다. 현실적이고 본능적이며, 삶의 경험에 직접 적용할 수 있다. 미몽에 사로잡히는 게 아니라 이전보다 더 인간적으로 삶 속에 살아 있다. 짧은 인연도 친밀하다. 결정이 쉽고 명료하게 다가와서, 결정으로 느껴지지도 않는다. 마음이 반복적인 생각으로 복잡하지 않으면 통제하거나 보호할 필요가 없다 ─ 그러니 미지 속에서 두려움 없이 사는 것이 삶의 방식이 된다.

말은 멋지지만 어떻게 통제 욕구를 내려놓고 두려움 없이 살까? 두려움에서 생긴 통제하려는 '욕구'를 인식하고, 그것이 자신을 규정하지 않는다는 점을 깨달으면 된다. 아무것도 바꾸거나 없애지 않고, 순간적으로 나타나는 이런 성향을 포용한다. 그러면 명료한 시각이 마음을 자각하는 존재인 근원으로 자연스레 이끈다. 각성한 마음은 생각에 동요되지 않고 완전히 편안하다.

시간이 지나 분리된 자아라는 너울이 벗겨지면, 관심이 마음의 넋두리와 개인적인 욕구에서 순수 존재로 옮겨간다. 평온하고 경계 없이 기능하는 데 필요한 모든 것을 이 순간이 준다고 믿으면 혼란이 잦아든다. 완전히 안전한 ─ 개인적인 자아의 관점이 아니라 모든 것을 있는 그대로 완전하다고 보는 관점에서 ─ 본질을 터득한다.

이제 자신의 불만과 불행을 견디려 하지 않는다. 습성화된 패턴의 한복판에 평온이 있음을 깨달으려는 동기가 부여된다. 그리고 반복해서 이 발견을 즐긴다. 두려움을 경험하더라도 ─ 이것은 흘러가는 신체감각일 뿐임을 알기에 ─ 마음속에서 아는 진실을 행한다. 타인의 인정이나 거부에 둔감해진다 ─ 분리된 자아가 없으니 남의 의견이 발붙일 자리가 없다. 명료함은 관계와 오랫동안 방치한 삶의 조건을 정돈하는 법을 알려준다. 그러면 지금이라는 직접성을 자유롭게 즐기고 감사하고, 사랑하고 음미하고 만끽하게 된다.

스트레스 사이로 보면

스트레스를 경험한다면, 생각에 삶이 끌려가고 있다는 뜻이다. 물리적인 위험에서 도망치게 만드는 싸움 도주 반응(스트레스나 위협을 가하는 대상이나 상황을 맞닥뜨릴 때 보이는 생리학 반응 및 활동 - 옮긴이)이나 암벽타기 같은 도전적이고 즐거운 활동에서 경험하는 감정, 운동할 때 겪는 심장 압박 따위를 말하는 게 아니다. 이런 반응은 문제를 일으키는 스트레스가 아니다.

하지만 늘 할 일이 태산이고 시간은 부족하다는 생각으로 꽉 차 있으면 어떻게 되는가? 어떤 상황이어야 된다는 개념을 만들어냈고, 이것은 관심을 존재에서 멀어지게 한다. 또 초조감, 흥분, 압박감을 느낀다.

가끔 실체 없는 다급함 때문에 이리저리 뛰는 나 자신을 의식한다. 조사하는 순간, 처리할 일들이 있다고 믿으면서 생각에 집착하는 게 드러난다. 거기서 관심을 돌려 자각과 느긋함으로 되돌아갈 절호의 기회다.

해야 될 것 같은 일들이 있다는 믿음을 놓아버리면, 꼭 필요한 일만 하게 된다. 무리하게 일하는 이들에게 중요해 보이는 임무가 없어진다 - 일하는 배후 동기가 거짓이고 스트레스가 큰 것을 아니까.

그러면 동기는 어디서 나올까? 개인적인 믿음과 욕망을 내려놓으면, 존재의 자연스러운 지혜가 이끌 것이다. 자신이 이미 삶을 가진 사람임을 알면, 두려움이 아닌 통합된 온전함을 되찾는다. 온전한 삶은 자신이 습성화에 붙들렸음을 알려주고, 경험을 사랑스럽게 맞이해 평온으로 돌아가라고 권한다.

필요한 것을 얻을 거라고 믿어도 좋다. 마음이 필요하다고 말하거나 자신이 원하는 방식이 아니라 삶의 완벽한 표현으로 나타날 것이다. 왜? 그것은 여기 있으니까. 더 대단해져라, 더 일하라, 더 가지라고 속삭이는 고집스럽고 부단한 생각에 관심을 주지 않으면, 상황이 있는 그대로 좋고 자신도 그렇다는 걸 깨닫는다!

민감한 몸

앞에서 살펴보았듯이 습관은 몸 안에 수축, 긴장 등으로 잠복한다. 머릿속의 습관에 대한 이야기를 들어낼 수 있더라도 신체적인 부분이 해소되려면 시간이 걸린다. 어떤 패턴은 방치된 채 장기간 몸속에 있었을 것이다. 일단 습관을 개인적인 자아의 일부로 여기지 않으면 신체감각일 뿐임을 알게 된다. 그러면 습관이 해소될 공간이 생기고, 세포와 그 이하 수준으로 미미해진다.

강한 에너지 분출이나 미묘한 변화를 경험할 수도 있다. 존재에 뿌리내린 관심을 유지하고, 어떻게 되어야 한다고 기대하지 않으면 시간이 지나면서 몸이 원상으로 돌아온다.

체내 경험은 세상과 상호 작용하는 역할을 한다. 분리된 자아에 공감하는 첫 순간은 신체의 수축을 방치하면서 시작된다. 관심을 자각에 둔다면 이 미묘한 감각에 유의하게 된다. 감각을 살피지 않으면, 푸념이 그럴듯한 덫을 만들고, 어느 날 아침 생각과 감정에 사로잡혀서 깬다. 하지만 감각이 일어날 때 살피면, 당신은 – 자각은 – 온전하게 남는다.

가족이 거슬리는 일을 하면 상심하거나 실망하기 시작한다. 분노에 차서 쏘아붙이거나 술을 마신다. 여기가 일상생활에서 정신적인 시험대다. 이 습관이 자신을 옭아매게 놔둘 수도, 자각할 수도 있다. 관심은 습관이 신체감각으로 – 순간의 경험에 '노!'라고 말하는 수축으로 – 시작된다는 것을 알려줄 것이다.

그 신체의 '노!'를 인식하면 평온이 가능해진다. 푸념하지 않고 진실을 경험한다. 감각 속에서 활활 탄다고 느낄 수도 있다. 하지만 관심을 두어 그 느낌을 자극하지 않고 푸념거리를 만들지 않으면, 자각 안에 일시적으로 일어난 현상일 뿐임을 알게 된다. 본모습의 진수를 기억하면 습관, 푸념, 공감, 불편한 신체감각까지 한 덩어리가 되어 무너지고 평온한 본질이 빛난다.

누구나 한동안은 패턴에 휘둘리는 경험을 하다가, 영원한 존재의 진실을 깨우친다. 분리된 존재라고 믿다가, 모든 분리가 사라지고 빛이 드러난다. 거부해서 괴로움을 겪다가, 본성으로 돌아가는 길을 택한다. 습관임을 자각할 때마다 몸에 밴 습성이 약해진다. 인식하는 순간 평온으로 돌아가는 것이다.

신체감각을 자각하면 정체성을 버리는 데 도움이 된다. 조용히 앉아서 감각이 생겼다 사라지게 내버려두자. 몸의 수축을 외면하지 말고 경험하자. 몸의 감각을 의식하고 공간으로 놓아버리자.

이 경험을 바꾸거나 없애려고 애쓰면 안 된다. 그러면 평온이 아니라 거부가 생긴다. 불편한 감각을 더 이상 느끼지 않을 때 자각이 '작동'하는 게 아니다 – 또 감각이 존재한다고 '작동'하는 것도 아니다. 주어진 감각을 회피하는 목적에는 지금보다 미래가 낫다는 헛된 믿음이 담겨 있다. 무엇이 있어야 되고 있으면 안 되는지에 대한 마음의 활동을 전부 없애야 된다 – 미래라는 시간 개념도 마찬가지다. 그러면 사물의 본질을 거부할 수 없는 여기 지금을 직접 경험한다.

신체감각에 유의하되 거부하지 않으면, 푸념(심지어 자신을 어찌해도 편해지지 않을 분리된 자아로 생각하는)을 덧붙이지 않고 그대로 두면 아무 문제도 없다. 이것이 그처럼 갈구하는 평온이 아닌가? 그게 바로 여기 있다.

마음에 휘둘리지 않으려면

자신이 생각하는 모습이 아닌 본모습으로 사는 것은 마음에 휘둘리지 않는다는 뜻이다. 어떻게 하면 생각을 삶의 활동을 저해하지 않도록 쓸 수 있을까? 목표, 계획, 과제는? 마음은 생각하지 않으면 아무것도 이루지 못한다고 속삭인다.

생각에 집착하지 않으면, 이미 필요한 것을 척척 아는 순리대로 산다는 걸 깨닫는다. 물론 마음의 습관이 간섭할 수도 있다 – 스트레스, 혼란, 불행을 유발한다. 하지만 이런 사고 패턴에 흥미를 보이지 않으면, 흘러가는 이미 여기 있는 것과 의식적으로 조화를 이룬다.

불필요한 생각의 소용돌이가 없으면 명료해지고, 삶이 널찍하고 단순하게 느껴진다. 생각은 무기나 방해가 아니라 도구이고, 필요한 생각은 떠오른다고 믿어도 된다. 평온한 환경을 바라는 움직임을 느끼면, 어질러진 책상을 정리하는 방법을 생각하게 된다. 창의적인 프로젝트를 진행해야 되면 생각이 그것을 어떻게 할지 아이디어를 떠올리게 돕는다. 이런 실질적인 생각은 나타나지만, 뒤얽힌 마음에서 나오는 복잡한 요소는 없다.

대개 반복적인 생각은 현실을 거부한다. 자신이 얼마나 현실과 다투는지를 알면 충격을 받을 것이다. 그걸 아는 방법은 하루이틀간 생각에 유의하는 것이다. '이 사람이 옷을 바닥에 팽개쳐놓으면 안 되는데.' '그녀는 지각할 걸 알면 나한테 전화해야 되는 거지.' '왜 그는 프로젝트를 마감에 맞추지 못한다는 걸 나한테 알려주지 않은 거야?' '돈을 더 벌면 좋을 텐데.' 우리는 이런 생각을 한 번만 하지 않는다 ─ 이러한 생각은 무한 반복하면서 우리를 존재하지 못하게 하고, 소중한 시간과 공간을 차지한다.

이런 평범한 생각을 하면 몸이 수축된다 ─ '아, 안 돼. 이렇게 되면 안 되는데'라면서 고통스런 푸념으로 무장하고 세상에 맞선다. 이 심신의 회오리에 휘말리면 자신을 분리된 존재로 보고, 느긋하게 마음을 열지 못한다. 거부하고, 뭔가 잘못되어 고쳐야 된다고 믿는다. 이것은 어렴풋이 보이지만, 결국 얼마나 불만을 일으키고 문제 해결을 막는지 스스로 깨닫게 된다.

마음에 휘둘리지 않으려면 거부하지 말아야 한다. 이 순간에 머물면 '아, 아니'에서 '아, 이거구나'로 변한다. 깊은 수용으로 부수적인 생각을 지우고 수월하게 반응하는 공간을 마련한다. 바닥에 옷이 뒹구는 게 싫으면 주워 담는다. 프로젝트가 미뤄지면 필요한 다음 단계에 돌입한다. 가장 중요한 것은, 틀린 게 있다고 믿게 하는 생각에 휘말리지 않는 것이다. 대신 어디나 스며든 생기 있는 경험으로 수월하게 되돌아간다. 소란스런 푸넘이 없어진 데 놀랄 것이다.

일상생활의 환경

명료함을 얻으면, 결정을 내릴 때 두려움과 자격지심에 심하게 휘둘려왔다는 걸 자각하게 된다. 어쩌면 불만스런 일터에 남았던 이유는 새롭거나 위험 부담이 큰 변화가 겁나서다. 혹은 관계를 갈망하면서도 마음을 여는 걸 회피하며 살았다. 당신이 표현하고 싶은 독창적인 충동에 따라 처신하는 것을 스스로 막았다.

거짓 정체성에 기초한 무의식적인 패턴을 통해 스스로 얼마나 제한을 가했는지 깨달으면 짓눌리기도 한다. 내 경우 이해하자 압도당했다. 하지만 일단 진실을 알면 다양한 새 가능성에 문을 열게 된다.

존재는 여기 있다 — 과거의 선택을 후회하고, 예상대로 되지 않은 일을 안타까워하는 동안에도 존재는 여기 있다. 관심을 여기로 옮기면, 영원히 생기 있고 새로운 이것만 있다. 너무 늦거나 너무 이른 것은 없다. 놓친 기회 따위도 없다. 당신이 이 영원한 존재다. 이것을 의식적으로 알 때, 마음에 휘둘리는 삶은 사라지고 진정한 삶이 시작된다 – 지금, 그리고 지금, 그리고 지금…….

이 깨달음이 실질적인 변화로 이어지기도 하고 그렇지 않을 수도 있다. 이 의식의 변화가 자리잡기까지 – 관계, 직업, 생활 여건, 일상적인 활동에 영향을 미치려면 – 시간이 걸리는 이들도 있다. 아주 중요시했던 역할이 무無로 판명된다. 명료함과 활짝 열린 마음을 가진 당신은 이제 주변 사람들 – 배우자, 자녀들, 부모, 친구들 – 에게 다르게 보일 것이다. 뭘 얻거나 지키려고 전략을 세울 필요가 없다. 어떤 이들에게는 관계 속에서 일어나는 상황을 중단하는 것이 불안할 – 아니면 안심될 – 수도 있다.

나는 친구 몇 명을 잃었다. 부모와의 관계는 극도로 향상되었다. 파트너와 결혼했다. 또 더 긴 시간을 혼자 보낸다. 정신과의사라는 직업적인 틀은 약화되었지만, 일 – 그렇게 부를 수 있다면 – 은 존재 자체로 흐르면서 매 순간의 순리를 믿게 하고, 본모습을 깨우치는 치유력을 굳건히 믿게 한다. 난 행복하고 인내심 많고, 거의 늘 현재에 마음을 연다.

내 생활은 '정상'으로 보인다. 개를 산책시키고, 영화를 보고, 요가와 활동적인 운동을 즐긴다. 친구들을 만나고 배우자와 보내는 시간을 만끽한다. 마음이 생길 때마다 – 몇 초나 몇 분간 – 정식 명상을 한다(보통은 하루 서너 차례). 상황이 예상대로 풀리지 않아도 낙심하지 않는다.

진리에 몰두한다. 습성화된 패턴이 일어나면 외면하지 않는다. 곧 그 푸념을 믿지 않으면 숨을 쉬고 감각을 느낄 공간이 나타나고, 어떤 에너지든 존재한다. 의지가 생기면 집인 본모습으로 향하기 시작하고, 고요하고 수월한 존재가 가능해진다.

매일의 삶과 본성을 깨닫는 일의 조화를 이루려면 시간이 걸리고, 깨달음은 삶의 모든 면에 영향을 미치므로 종착점이란 없다. 익숙한 상황을 새로운 눈과 자유로운 마음으로 접하면 통찰력이 생긴다. 거부가 사라지고 깊은 만족감과 평온이 들어선다.

행동, 시도, 목표에 대한 진실

일상에서 경험하는 존재는 순리대로 흘러가는 삶과 하나가 되는 일이다. 어떤 일이든 단순하게 나타난다 – 습성화되지 않고 목적 없이 자유롭게. 생성과 소멸이 영원 속에서 순식간에 일어난다. 마음의 관점에서는 야생마가 달리는 소리가 날 것이다.

목표를 정하지 않는데 어떻게 성취할 수 있을까? 계획을 세워야 되지 않나? 꿈과 원하는 삶을 제시하는 것은? 모든 게 없어지고 존재만 남으면 그다음에는?

이 모든 질문을 본래 무의미한 단순한 생각으로 인식하면, 여전히 여기 살아 있음을 깨닫는다. 일이 일어나려면 분리된 개체가 존재해야 되는가? 자신이 통제하고 결정하고 행동해야 되는 사람이라는 개념을 버리고, 자연스럽고 수월하게 펼쳐지는 것을 찾자. 이것은 본질 자체이므로 믿어도 된다. 흔히 개인적인 자아가 벌어지는 일을 주관하고 결과를 통제한다고 생각하지만 오해다.

창작, 행동, 생각, 성취가 일어나지만 분리된 자아가 창작이나 행동이나 생각이나 성취를 하는 게 아니다. 장차 어떤 결과를 만들기 위해 뭔가 한다는 생각이 떠오르면, 그 생각을 조사해보자. 그 배후의 동기를 궁금해하기를. 그것이 두려움이나 역부족이나 자격지심에서 나오는가? 숨은 '……해야 한다'가 있는가? 그 결과가 자신을 더 낫거나, 행복하거나 성공한 사람으로 만들어준다고 믿는가? 아니면 순수한 사랑의 표현인가?

분리된 자아에서 나오는 개념은 문제투성이다.

- 이 개념은 개별적인 자아가 결과를 가져온다고 가정한다 – 결과가 없으면 그 자아는 실패다.
- 이 개념에는 행복은 미래에 얻는 것이라는 믿음이 깔려 있다 – '……하기만 한다면'의 사고방식이다.
- 이 개념은 지금 가장 큰 행복을 얻을 가능성을 간과한다.

잠시만 분리된 자아라는 믿음을 버리자. 가볍고 가능성이 넘치는 느낌이 밀려든다. 결과가 보이지만 집착하지 않는다. 목표 달성 여부는 자기 가치나 행복과 무관하다. 이것은 개인과 상관없는 개념이고, 이미 온전하고 무한히 행복한 존재에서 나온다.

'난 책을 쓰고 싶어.' '돈을 버는 방법을 알아내야 해.' '1년 안에 승진하고 싶은데.' '인도를 여행하고 싶어.' '프랑스어를 배우고 싶

어.' '배우자가 생기면 좋겠어.'

이런 아이디어는 두려움, 결핍, 자격지심에서 나올 수 있다 – 아니면 살아 있는 기쁨의 표현으로 나타날 수도 있다. 분리된 자아라는 망상이 해체되면 성취에 대한 불안이 사라진다. 자신에 대한 의구심과 자기를 증명해야 되는 압박이 없으면, 행동은 존재에서 나온다. 이제 개인적인 불안정과 인정 욕구에 시달리지 않으니, 겸허하게 행동한다. 이런 목표를 위해 열심히 일하겠지만, 행동은 명료하고 앙금이 없다.

뭐든 미루는 유형인가? 프로젝트 도중에 중단하는 습관이 있는가? 이렇게 합리화하기 쉬울 것이다. '아, 당장은 그 과제를 하고 싶지 않아. 이게 이 순간의 내 경험이야.' 혹은 많은 다른 활동에 한눈파는 자신을 발견하고, 반복해서 후회하고 초라한 자기 이미지를 연상한다.

이런 생각에 시달리면 조사해봐야 된다. 두려움을 나타내는 감각을 피해왔음을 알게 된다. 이 감각을 살피지 않고 방치하면 무능하거나 무가치한 정체성이 생겨서, 창의적인 흐름을 방해한다. 이런 장애가 자신이 아님을 깨달으면 문제는 사라진다.

한편 행동파의 경우, 목표 달성이나 출세에 압박을 느낀다. 현재 개인적인 과제를 수행 중인가? 자기 가치를 높일 결과를 내려고 전략을 짜는가? 이것들은 분리된 자아라는 정체성을 가졌다는 힌트다. 궁극적으로 이 순간 이미 온전하며 행복하다는 사실을 깨닫지 못하게 한다.

행동과 목표에 대한 이런 이해는 매일 큰 영향을 미친다.

거기서 벗어나면 존재하기가 시작된다. 그게 어떤 모습일지 누가 알까? 산을 움직이겠다는 열정이 솟을 수도 있다. 혹은 1~2년간 큰 행복 속에서 벤치에 앉아 있을지도 모른다. 앞에 어떤 길이 펼쳐지든 자연스럽다 – 분리된 자아의 당위성과 의무를 털어냈으니.

관심이 현재에 쏠리면서 일을 미루는 괴로움이 종지부를 찍는다. 일상적인 활동을 단순화하고 문제를 더 효율적으로 해결한다. 마음은 수용 못하는 감사함 속에서 살 공간이 마련된다.

일상생활에서 행복을 알아차리자 – 마음은 행복을 감지 못할지라도 행복이 바로 거기 있다. 삶이 펼쳐지는 순간에 하는 활동에 열정을 불어넣자. 무슨 일을 하든 온전하게 하기를. 그 일을 경험하자. 즐기자. 거부하는 마음의 저변에는 이미 평온이 여기 있다는 걸 깨우치자. 이것은 끝나지 않는 일상의 기적이다.

인생의 목표는 무엇인가

인생의 목표와 개인적인 성취를 다룬 글이 차고 넘친다. 열정을, 삶의 의미를 줄 소명을 찾게 돕는 책이 서점마다 넘쳐난다. 많은 이들에게 – 나도 그랬다 – 이 열망은 낙담과 자격지심만 남긴다. '……하기만 한다면'이라는 덫으로 몰아넣고, 상상 속의 더 나은 미래가 될 때까지 행복을 유보한다.

인생의 목표를 찾는 것은, 당신이 현재 갖고 있지 않지만 모든 것을 제대로 해줄 방안을 찾을 수 있다고 가정한다는 뜻이다. 현재는 불완전하지만 완벽하게 일하면 성취될 거라는 믿음이 깔려 있다. 거기서 자신의 감정을 살펴보면 미흡함, 무력감, 절망감이 발견된다. 인생의 목표가 없으면 어떤 사람이 될지 알지 못해, 제한적이고 답답함을 느낄 수밖에 없다.

장래에 대한 생각, 자격지심, 개인적인 성취에 대한 생각, 행복을 찾은 것 같은 이들과 자신을 비교하는 것은 다 분리된 자아의 신호다. 마치 꼭 사실 같은 이런 생각과 감정이 당신의 관심에 뒤엉켜 있다. 이런 상황이라면, 일시적으로 본모습을 잊었다는 뜻이다.

생각을 본질로 받아들이지 말고 시선을 돌리자. 감정을 해소하고 신체감각을 그대로 두자. 당신은 성취를 이룰 열정을 찾아야 되는 사람이 아니다. 당신은 사랑 많고 자각하는 존재로, 그것을 이미 이루었고 영원히 평온하다.

이것을 알면 목적을 찾기가 쉬워진다. 당신의 목적은 지금 벌어지는 일과 하나다. 무엇을 해야 되냐고? 지금 당신이 하는 그것. 본모습을 모르는 데서 나온 일을 하면 결코 만족을 얻지 못한다. 두려움에 뿌리내린 자격지심에 내몰려서 하는 일이기 때문이다. 하지만 앞에서 살펴보았듯이 자각에 뿌리내린 존재에서 나오는 일은 자유롭고 습성화되지 않는다. 거기에 계획 따위 없다. 넘쳐흐르는 삶의 기쁜 표현이 있을 뿐.

목적이 왜 필요할까? 분리된 자아라는 관념을 굳히는 생각과 감정이 없으면, 자아도 없고 문제도 없다. '왜 내가 성공하지 못했을까? 무슨 일을 하고 있어야 될까? 뭘 놓치고 있을까?' 떠오르는 질문이 자각 안에서 떠오르는 투명한 경험으로 보인다. 자신이 건드리지 않으면, 질문은 괴롭히지 않고 나온 곳으로 흩어지고, 인생의 목표라는 수수께끼가 모두 풀린다.

목적을 모르기 때문에 괴롭다면, 할 일이 한 가지 있다. 목적을 알아내고 그것을 찾는 헛수고를 그만두고, 본모습을 기억하기를. 그러면 자유로워질 것이다.

놓친 줄 알았던 그것을 찾을 것이다. 그것, 바로 당신은 내내도록 여기 있었다. 당신은 넓고 무척 신선하고, 무한히 만족스럽다.

1. 분리된 개체가 아닌 듯이 익숙한 상황에 들어가자. 마음에 휘둘리지 말고, 사랑이 이끌게 하자. 자신이 모든 사람, 사물과 분리될 수 없다는 사실을 인식하자. 삶이 완벽하게 펼쳐지는 것을 지켜보자.

2. 시도와 노력은 분리된 자아의 산물임을 명심하자. 존재로 녹아들면서 어떤 노력도 하지 말자. 그저 일이 생기게 내버려두자.

3. 이것을 숙고해보자. 삶의 순간들이 펼쳐질 때 당신은 자기 삶을 살고 있다. 간단하다.

| 감사의 말 |

가르침으로 길을 밝혀준 엘리 잭슨-베어Eli Jaxon-Bear, 강가지Gangaji, 루퍼트 스피라Rupert Spira, 에크하르트 톨레Eckhart Tolle에게 감사드린다. 이 책이 결실을 맺게 도와준 셸 호로비츠Shel Horowitz, 로렐 에이리카Laurel Airica, 웬디 뉴먼Wendy Newman에게도 고맙다.

남편 캐머런 맥콜Cameron McColl에게 깊은 사랑과 고마움을 전한다. 이 책이 나오기까지 든든한 디딤대, 길잡이, 크나큰 지원군이 되어 주었다. 그는 우리 관계와 진실을 향한 굳건한 사랑에 마음을 열어 내게 영감을 준다.

더 많이 알고 싶다면 'www.GailBrenner.com'을 방문하시길.

　일과 관계있기도 해서 제법 여행하는 편이다. 가족의 형편과 관심에 맞춰 일정을 짠다. 새로운 곳에 가기도 하고, 전에 살았거나 여행했던 곳을 다시 찾기도 한다. 열 번 넘게 간 도시도 있다. 예전에는 여행안내서 한 권을 들고 다녔지만, 이제 모든 여행자는 인터넷에서 온갖 정보를 접하고, 여행지에서는 휴대폰으로 구글맵을 보며 다니고 연신 검색하고 사진을 찍는다. 난감한 상황에 빠질 염려가 거의 없으니 예전에 비해 불안감은 줄어들었지만, 애써 여행을 떠나는 이유는 새롭고 생경한 상황을 접하고 싶어서일 텐데. 그런데 이제는 남의 블로그에서 본 사진과 정보를 직접 가서 확인하는 과정이 여행이 된 건 아닐까. 지도와 간단한 안내서를 들고 내 눈으로 보고 듣고 냄새 맡고 느끼면서 누비는 여행이 진짜가 아닐까라는 생각이 든다.

1986년 저작권 협약이 체결된 후 외국어 서적이 우리 출판 시장에 본격적으로 유입되면서 다양한 주제의 책들이 소개되었다. 지난 30여 년간 사회가 급속도로 변하고, 사는 방식과 개인의 욕구가 크게 달라지면서 자기계발서라고도 하는 대중 심리서가 많아졌다. 주로 서구인의 관점에서 개인의 상황과 문제 해결 방식을 다룬다. 새로운 용어와 개념이 쏟아져 들어와 가족주의·집단주의 성향이 강한 사회문화에서 힘든 이들에게 오아시스 같은 쉼터가 되기도 했다. 마음공부를 하는 사람도 많아지고 자기계발서가 베스트셀러가 된다. 그런데 그 정보가 만만치 않아지면서 힘든 마음에 도움이 되는 정도가 아니라 공부해서 실천할 거리가 되어버렸다.

　　여행 정보나 자기계발서나 마찬가지인 듯싶다. 여행 정보가 많을수록, 자기계발 관련 지식이 많을수록 내게 도움이 되기보다 과제로 변해버린다. 진짜 중요한 핵심이 있을 텐데, 열심히 정보를 모을수록 핵심에서 멀어진다. 이 책을 쓴 게일 브레너 박사도 그런 생각을 했던 것 같다. 미국을 비롯한 서구 시장에서 자기계발 분야는 도서와 강연 등 큰 시장이 되었지만, 사람들은 거기서 도움을 받지 못하는 데 주목해서, 자기계발을 끝내고 자기를 발견하라고 말한다. 그 자기는 온 세상과 하나로 연결되었으며 본래 온전하기에 발견할 대상이지 힘들여 고칠 대상이 아니라는 요지다. 그 온전한 자기를 기억하면, 우리가 시달리는 감정에서 자유로워질 수 있다고 말한다. 서구의 대중 심리서와 전혀 다른 시각이 새롭고, 새로운 자기를 만나게 도와준다.

이 책을 내기까지는 특별하고 재미있는 과정이 있었다. 한의사인 김동수 선생님은 저자의 책에 도움을 받은 경험으로 다른 책을 여러 사람과 읽고 싶어 이 책을 소개하셨다. 부인이자 내 오랜 친구인 김은봉 선생님이 책의 발간을 지원하셨다. 그 좋은 뜻이 많은 분들의 마음에 좋은 씨앗이 되기를.

공경희

자기발견의 힘

초판 1쇄 인쇄 | 2020년 10월 14일
초판 1쇄 발행 | 2020년 10월 19일

지은이 | 게일 브레너
옮긴이 | 공경희
펴낸이 | 박남숙

펴낸곳 | 소소의책
출판등록 | 2017년 5월 10일 제2017-000117호
주소 | 03961 서울특별시 마포구 방울내로9길 24 301호(망원동)
전화 | 02-324-7488
팩스 | 02-324-7489
이메일 | sosopub@sosokorea.com

ISBN 979-11-88941-52-0 03180
책값은 뒤표지에 있습니다.

이 도서의 국립중앙도서관 출판예정도서목록(CIP)은 서지정보유통지원시스템 홈페이지(http://seoji.nl.go.kr)와
국가자료공동목록시스템(http://www.nl.go.kr/kolisnet)에서 이용하실 수 있습니다. (CIP제어번호 : CIP2020039544)